Hans Blumenberg

Theorie der Unbegrifflichkeit

Aus dem Nachlaß herausgegeben
von Anselm Haverkamp

Suhrkamp

Bibliografische Information der Deutschen Nationalbibliothek
Die Deutsche Nationalbibliothek verzeichnet diese Publikation
in der Deutschen Nationalbibliografie
http://dnb.d-nb.de

3. Auflage 2018

Erste Auflage 2007

Druck & Bindung: Druckhaus Nomos, Sinzheim
Umschlag: Werner Zegarzewski
Printed in Germany
ISBN 978-3-518-58480-4

Inhalt

Theorie der Unbegrifflichkeit

Der Begriff gilt als ein Produkt der Vernunft, wenn nicht sogar ihr Triumph, und ist es wohl auch. Das läßt aber nicht die Umkehrung zu, Vernunft sei nur dort, wo es gelungen oder wenigstens angestrebt sei, die Wirklichkeit, das Leben oder das Sein – wie immer man die Totalität nennen will – auf den Begriff zu bringen.
Es gibt keine Identität zwischen Vernunft und Begriff. Aber es wäre natürlich Unfug zu sagen, die Intention der Vernunft habe mit der Leistung des Begriffs nichts zu tun. Es könnte sein, daß die Leistung des Begriffs nur partiell gegenüber der Intention der Vernunft ist, die immer etwas mit Totalität zu tun zu haben scheint.
Der Begriff hat etwas zu tun mit der Abwesenheit seines Gegenstandes. Das kann auch heißen: mit dem Fehlen der abgeschlossenen Vorstellung des Gegenstandes. Dieses Verhältnis ist verglichen worden mit dem zwischen verschiedenen Sinnesorganen: das Sehen vertritt nur die Möglichkeit der Berührung, des Fühlens, damit des Besitzens. Die optische Präsenz nimmt die taktile vorweg, auch wenn sie sich ohne diese begnügt. Die Sichtbarkeit ist der Mangel der Fühlbarkeit wegen der Distanz zum Gegenstand. Stellt man sich vor, die Distanz würde weiter vergrößert – räumlich oder zeitlich –, so bleibt nur noch der Begriff, der seinerseits die ganze Skala der sinnlichen Erreichbarkeit vertritt.
Man könnte sagen, die Vernunft sei der Inbegriff solcher Leistungen auf Distanz, die Integration dessen, was im Begriff als Ersetzung der Gegenwärtigkeit schon liegt. Also auch dessen, was überhaupt nicht gegenwärtig werden kann, weil es nicht die Art des Gegenstandes hat, wie zum Beispiel: die Welt, das Ich, die Zeit, der Raum (Ideen – Regeln, als ob sie Gegenstände wären).
Schopenhauer hat gemeint, mittels der Vernunft besäßen wir »eine völlige Übersicht des Lebens, unabhängig von der Zeit, haben gleichsam immer einen verkleinerten,

farblosen, abstrakten, mathematischen Riß der ganzen Welt.«
Der Begriff ist zwar kein Surrogat, aber er ist zur Enttäuschung der auf ihn gesetzten philosophischen Erwartungen nicht die Erfüllung der Intentionen der Vernunft, sondern nur deren Durchgang, deren Richtungsnahme.

Ich versuche, das anthropologisch, genetisch zu verstehen. Der Mensch, das Wesen, das sich aufrichtet und den Nahbereich der Wahrnehmung verläßt, den Horizont seiner Sinne überschreitet, ist das Wesen der *actio per distans*. Er handelt an Gegenständen, die er nicht wahrnimmt. In den Höhlen, die seine erste Unterkunft sind, zeichnet er die Gegenstände seines Begehrens und seines Kampfes ums Dasein an die Wände. Der Begriff entsteht im Leben von Wesen, die Jäger und Nomaden sind. Vielleicht kann man am deutlichsten machen, was ein Begriff leistet, wenn man an die Herstellung einer Falle denkt: sie ist in allem zugerichtet auf die Figur und die Maße, die Verhaltensweise und Bewegungsart eines erst erwarteten, nicht gegenwärtigen, erst in Besitz und Zugriff zu bringenden Gegenstandes. Dieser Gegenstand wiederum ist bezogen auf Bedürfnisse, die nicht die des heutigen Tages sind, die eine Dimension der Zeit haben. Eine anthropologische Theorie des Begriffs ist ein dringendes Desiderat, denn nur sie erlaubt funktionale Betrachtung sowohl der Leistung des Begriffs als auch ihres Zurückbleibens gegenüber solchen Ansprüchen, die nicht aus der nomadischen Lebensform hervorgehen, sondern die Muße der Seßhaftigkeit zur Voraussetzung haben. Denn es besteht der merkwürdige Sachverhalt, daß zwar der Begriff ein Produkt der Lebensform von Jägern und Nomaden ist, aber die Theorie, die als Inbegriff der Leistungen von Begriffen erscheint, die urbane Seßhaftigkeit und Arbeitsteilung zur Voraussetzung hat.

Der Begriff vermag nicht alles, was die Vernunft verlangt. Es ist nicht nur ein Hiatus zwischen der höchsten Ausbildungsstufe der Begriffe und den Ansprüchen der Vernunft, sondern es bedarf der Erwägung, ob die Vollendung des Begriffs nicht die Erfüllung der Ansprüche der Vernunft behindert oder gar inhibiert. Mit den Mitteln der cartesischen Qualifizierung des Begriffs hat Lichtenberg das folgendermaßen ausgedrückt: »Die deutlichen Begriffe wieder zu klaren herabstimmen.« Was kann das heißen? Die Ausdrücke ›klar‹ und ›deutlich‹ gehören zur für die Neuzeit maßgebenden cartesischen Qualifikation zunächst der Vorstellung, dann des Begriffs nach der ersten Regel des »Discours de la Méthode«. Es ist das Ideal der vollen Vergegenständlichung, auf dieser beruhend der Vollendung der Terminologie. Bei Erreichung dieses Ideals wäre der Endzustand einer philosophischen Sprache als ein rein begrifflicher im strengen Sinne gegeben. So wie es die provisorische Moral nicht mehr gäbe, wäre auch nichts Vorläufiges in der Begrifflichkeit mehr möglich. Was mit diesen beiden Ausdrücken bezeichnet wird, ist das, was der letzte Cartesianer Edmund Husserl die »Universalität der Deckung von Sprache und Denken« genannt hat (Formale und transzendentale Logik. Halle 1929, 22).

Der Begriff ist aus der *actio per distans*, aus dem Handeln auf räumliche *und* zeitliche Entfernung entstanden. Was die zeitliche Entfernung betrifft, so sieht man leicht, welcher Unterschied besteht zwischen der Bestimmtheit, die eine Erzählung über vergangenes Geschehen haben kann (ihr können Namen und detaillierte Beschreibungen von Vorgängen genügen), und welches Ineinander von Unbestimmtheit und typisierender Einengung die Artikulation einer Erwartung haben muß, die sich auf herankommende und mögliche Ereignisse und Gegenstände bezieht. Der Begriff muß genügend Unbestimmtheit besitzen, um solche herankommenden Erfahrungen noch so erfassen zu können, daß entsprechend zweckmäßige Einstellungen auf sie auch dann bezogen werden können, wenn im Detail in der vollen Konkretion Abweichungen von vergangenen Erfahrungen bestehen. Der Begriff benötigt einen Spielraum für all das Konkrete, was seiner Klassifikation unterliegen soll. Er muß zwar Deutlichkeit genug besitzen, um Unterscheidungen von dem ganz und gar nicht Einschlägigen treffen zu können, aber seine Ausschließlichkeit darf nicht die Enge besitzen, die der Name für den Bezug auf das Individuum und seine Identität, seine Identifizierbarkeit haben muß. Insofern ist der Begriff das Instrument nicht so sehr eines der Erinnerung fähigen als eines auf Prävention eingestellten Wesens: es sucht zu bewältigen, was noch gar nicht unmittelbar ansteht. Insofern ist, anthropologisch-genetisch betrachtet, das Ideal der Deutlichkeit des Begriffs das seiner Beziehung auf die Elastizität des Spielraums, in welchem ein konkret wahrgenommenes oder vorgestelltes Wesen noch zu all dem zugelassen werden soll, was an Einstellungen und Vorkehrungen handlungstypisch aus der Erfahrung angelegt, präpariert, präfiguriert ist.

Das Ideal der Klarheit gehört seinem Ursprung nach der räumlichen Distanz zu. Hier geht es nicht um die Bestimmung der Toleranzen, innerhalb deren etwas noch als etwas erkannt und anerkannt werden soll, sondern um die Voraussetzung dieses Aktes im Hinblick auf die Behinderungen der Veränderung des Anblicks durch räumliche Ferne oder Nähe, insbesondere auch der Trübungen, die die Angewiesenheit des Lebens auf ein Medium, auf eine Atmosphäre, für die Optik mit sich bringt. Leben und Optik stehen in einer Gegenläufigkeit ihrer Voraussetzungen: das Ideal der Optik ist der leere Raum, der keine Behinderungen des Lichtes zuläßt, Voraussetzung des Lebens ist eine gewisse Dichte des Mediums, in welchem noch geatmet werden kann. Das Ideal der Klarheit hat seinem Ursprung nach etwas mit dieser Antinomie der optischen Situation zu tun.

Das präventive Wesen ist nicht notwendig ein geselliges Wesen. Anthropologisch muß man davon ausgehen, daß der Mensch aus einer Primatenlinie seinen Ursprung hat, in der durch überwiegendes Fluchtverhalten ausgeprägte Spezialisierungen für den Kampf Körper an Körper verlorengegangen sind und immer der Gewinn an Raum einen Vorteil des Überlebens gewährt hatte. Im präventiven Verhalten verbindet sich der Vorteil des Raumgewinns mit den Nötigungen, die durch den Verlust der Spezialisierung auf körperlichen Nahkampf eingetreten sind. Die Drehpunktsituation dieser Entwicklung kann nur eine solche sein, in der Flucht nicht beliebig fortgesetzt werden konnte, wo sich das Fluchttier der Notwendigkeit gegenüber sah, trotz seines Mangels an physiologischer Ausrüstung für den Kampf Körper an Körper gegen seinen Verfolger bestehen zu müssen. Der Kompromiß besteht in der Handlung auf Entfernung, der *actio per distans*, in der Handlung des Wurfes. Nicht zufällig beherrschen Wurfgeräte und Geschosse die Geschichte der menschlichen Handlungen weithin.

Stellen wir uns die Prävention nicht so sehr als eine augenblickliche Notwendigkeit, denn vielmehr als ein Konzept, einen Entwurf, eine Planmäßigkeit vor, die einmal in ihrer Leistungsfähigkeit begriffen worden ist, so führt der Ausbau präventiven Verhaltens zwangsläufig zur Bildung von Gesellschaften. Aus dem sich über die räumliche und zeitliche Entfernung hinweg verteidigenden Fluchttier ist zwar immer noch kein nahkampffähiges organisches System geworden, aber ein solches, das die erlernten Fähigkeiten seinerseits in der Jagd auf Beutetiere anwendet und erweitert. Die Falle ist eine Handlung in Abwesenheit sowohl des Beutetiers als auch, zeitlich versetzt, des Jä-

gers. Die Falle handelt für den Jäger in dem Augenblick, in dem er selbst abwesend, das Beutetier aber anwesend ist, während die Herstellung der Falle die umgekehrten Verhältnisse erkennen läßt. Sie ist dinglich gewordene Erwartung. Insofern ist die Falle der erste Triumph des Begriffs. Da man zu Fallen zurückkehren muß, um ihren Erfolg sowohl zu überwachen als auch zu genießen, ist mit ihnen ein gewisses Maß an Seßhaftigkeit verbunden. Die Falle repräsentiert auch genau die Toleranz zwischen Genauigkeit und Ungenauigkeit des Bezugsobjektes, das nur durch den Begriff hergestellt werden kann. Man denke noch gegenwärtig an die Bedeutung der Maschengröße eines Fischernetzes, von der sowohl die Beschaffenheit der gegenwärtigen Beute als auch die Schonung der Bestände für künftige Beutezüge abhängt. Aber ein Fischernetz ist viel weniger spezifisch eingerichtet als es die Falle eines Jägers der Steinzeit gewesen sein muß, wenn man daran denkt, daß sogar Mammute in Fallen gefangen wurden.
Dadurch daß die Jagd die Umkehrung des Primärverhaltens eines Fluchttieres mit geringerer Spezifikation ist, wird sie notwendig zur vergesellschaftenden Aktion. Durch sie wird der nun erst sprachlich realisierte Begriff zum Instrument organisierten Verhaltens.

Nun wird mancher aufatmen und bei sich sagen, wir seien endgültig bei der Vergesellschaftung, bei der Gesellschaft und damit beim Heil. Aber so wenig sich bestreiten läßt, daß der Ursprung des Begriffs etwas mit den Verhaltensweisen zu tun hat, die zur Vergesellschaftung nötigten oder durch sie möglich wurden, so wenig ist zu leugnen, daß der *Begriff* genauso vorläufig ist wie die *Vergesellschaftung,* die im Jagdverhalten oder in der *Prävention* des Kampfs ums Dasein ein bloßes *Mittel* ist. Natürlich ein Mittel, um von der Subjektivität zur Objektivität zu kommen, die in jeder Intersubjektivität, in jeder Vergesellschaftung unvermeidlich wird. *Objektivi-*

tät ist noch nicht ein Ziel, sie ist zunächst ein Mittel, um miteinander *handeln* zu können. Die Einrichtung einer Fallgrube erfordert Gemeinsamkeit der Vorstellung von dem, was darin gefangen werden soll. Die Objektivität ist noch nicht die Endgültigkeit der Dissoziation vom Tier. Schopenhauer wiederum schreibt: »Die Tiere sind zur Erde gebeugt weil sie durchaus nur zu sehen brauchen was sie betrifft und nie zu einer eigentlich objektiven Betrachtung kommen können.« (Nachlaß I, 211; 1814)
Ich bediene mich einer alten humanistischen Formel, um deutlich zu machen, daß die Aufrichtung des Ganges und des Blickes, die Erweiterung des Horizonts und damit die Objektivierbarkeit dessen, was noch nicht leibhaftige Nähe ist, *nicht den Endwert des Prozesses* darstellt. Die alte teleologische Anthropologie der Griechen und Römer hatte sich auf den Satz geeinigt, der aufrechte Gang und die Beweglichkeit des menschlichen Kopfes zeigten als letzte Absicht der Natur mit dem Menschen, ihn zum Betrachter des Himmels zu machen. Das bedeutet: der Blick ist nicht auf den Horizont, den räumlichen und den zeitlichen, fixiert, um zu erwarten und zu handeln an dem, was kommt, sondern der schon um neunzig Grad aus der Richtung zur Erde hin in die Horizontale aufgerichtete Blick wird *nochmals um neunzig Grad* erhoben und auf den *Sternenhimmel* gerichtet.
Er trifft hier auf einen Gegenstand, dessen Eigenschaften sich folgendermaßen bestimmen lassen: 1. er enthält kein Moment der Erwartung und Prävention, solange nicht die Furcht vor bestimmten Zeichen am Himmel und die damit verbundene Vorhersage außerordentlicher Himmelserscheinungen eine Rolle spielt; 2. der Gegenstand ist auch für jede Art von Handlung, von Praxis, von Technik unerreichbar; er ist ein rein theoretischer, dem Alltag und seinen Anforderungen enthobener, auf keinerlei Berufspraxis bezogener; 3. der Gegenstand kann zwar

klar, aber nicht deutlich im Sinne der Tradition gegeben sein (ich werde die Differenz gleich noch erläutern), denn dieser Gegenstand ist eine Totalität oder nahe der Totalität der Welt; der Blick ist *auf das Ganze* gerichtet – bei den Griechen sind die Ausdrücke für *Himmel und Welt* synonym. Der zum Himmel gerichtete Blick wechselt nicht nur den Gegenstand, wenn er den alltäglich-lebensweltlichen Horizont der Einzeldinge und des Umganges verläßt, sondern er erhebt sich über die Einzelheit des Gegenständlichen, seine Differenzierbarkeit, zu dem letzten Ganzen, das noch erreicht werden kann, auch wenn er immer wieder durch bestimmte Phänomene von dieser Totalität abgehalten wird.

Für die Griechen war die Betrachtung des Himmels nicht nur die eines besonderen und göttlichen Gegenstandes von höchster Dignität, sondern der paradigmatische Fall dessen, *was Theorie zu sein hat*, worauf es ihr letztendlich ankommt. Das Ideal der Theorie ist die Betrachtung des Himmels als eines nicht zu handhabenden, nicht als Mittel zu betrachtenden Gegenstandes. *Was nicht mehr Mittel sein kann,* ist die Totalität selbst, die die Mittel umspannt.

Nun ist dies nicht ein bloßer, kein konfliktfreier Aufstieg des Menschen von der Erdverhaftung, von der Objektivierung und Begriffsbildung zur Totalität, zur Idealität. Das ist ein zu einfaches Bild, das die traditionelle Metaphysik entwickelt hat. Auf jeder dieser Stufen gibt es die Möglichkeit, die Gefahr, den *Konflikt* der Vernachlässigung dessen, was mit einem großen philosophischen Wort des Kontrastes ›*das Leben*‹ genannt worden ist, die Wirklichkeit, der Realismus, die Praxis, die Existenz. Für die reine Theorie erinnere ich an die *Thales-Anekdote*: der milesische Protophilosoph und Astronom Thales, der bei Nacht auf freiem Feld die Sterne beobachtet, fällt in eine Zisterne, und seine thrakische Magd, die das beobachtet, lacht laut über ihn und hält ihm vor, er beschäftige sich mit den fernen Dingen dort am Himmel, aber könne nicht sehen, was vor seinen Füßen liege. Über die Anekdote ist in mehr als zwei Jahrtausenden viel Schönes und Geistreiches gesagt worden; Plato hat sie prototypisch für seinen Sokrates gemacht, dessen Philosophie ihn die Praxis des Lebens und des Staates so verkennen läßt, daß der Konflikt für ihn schließlich tödlich endet.

Was sich da im Keim dieser Anekdote abspielt, ist ein Konflikt von vielfältigen Aspekten. Sein anthropologischer Aspekt ist der, daß die reine Theorie, der Anspruch auf die Totalität der Welt, nicht ohne die Entfremdung von dem Realismus der praktischen Welt zu haben ist. Das Lachen der thrakischen Magd ist sicher ursprünglich ein mythisches gewesen: sie sieht die unterirdischen Götter ihrer Heimat Thrakien im Recht gegen den Anbeter der Gestirne, der oberen Götter, der mit dem Licht verbündeten Olympier. Das Lachen ist aber auch die ständige Mahnung zum Realismus, zur Rückkehr der bloßen Vergegenwärtigung dessen, was einen betrifft oder betreffen kann, sich abzuwenden von dem, was seinem Lebensschicksal nach niemand etwas angeht.

Man muß sehen, daß der *Ansatz* zu dieser Art von idealisierter Theorie *schon im aufrechten Gang* steckt. Auch die Prävention ist immer *ein Zu-Viel gegenüber der Unmittelbarkeit,* mit dem fertig zu werden, was gerade anliegt. Ein Instrumentarium für Möglichkeit muß vielfach umfangreicher, subtiler sein als ein solches für die akute Wirklichkeit.

Der Mensch ist seinem Ursprung nach an das Prinzip der Überflüssigkeit, des Luxus gebunden. Der aufrechte Gang ist vom ersten Augenblick an luxurierend: zu sehen, was noch nicht gegenwärtig ist, was *noch keine akute Notwendigkeit* besitzt, Prävention zu üben in bezug auf das, was nur unleibhaftige Möglichkeit, potentielle Drohung oder Lockung ist, das ist immer eine Sache des zu großen Aufwandes und nicht zufällig darin ebenso aller *Aggressionen* Anfang wie die Möglichkeit ihres Endes. In der Betrachtung himmlischer Phänomene schließlich zu einer *Astronomie* zu gelangen, die – wie in der Legende über Thales von Milet – eine Sonnenfinsternis vorherzusagen vermag, ist eine Prävention so extremer Art, daß sie nichts anderem mehr zuvorzukommen in der Lage ist als der bloßen *Furcht* vor der Plötzlichkeit des hereinbrechenden Ereignisses der Sonnenfinsternis. Uns erscheint die Befreiung von Furcht als eine der größten und mühsamsten Anstrengungen der menschlichen Geschichte. Aber einer biologisch-realistischen Betrachtung muß dies als ein geringer Ertrag eines großen Aufwandes erscheinen.

Hier werden zwei Aspekte deutlich, die die Differenz von *Begriff und Vernunft* betreffen. Eine anthropologische Begriffsbildung wird es sehr schwer haben, die Befreiung von Furcht unter dem rationalen Prinzip der Selbsterhaltung als einen wirklichen Zweck der menschlichen Geschichte zu beschreiben. Daß dies eine Idee ist, welche sich über die Ebene der Selbsterhaltungs-Ökonomie heraushebt, wird man nur zuzugeben bereit sein, wenn man das Recht der reinen Theorie anerkennt, unabhängig von dem Komplex der Selbsterhaltung des Lebens als eine Realisationsform von Freiheit – nämlich von der Bindung an die Mittelstruktur der Gegenstände – realisiert zu werden. *Freiheit von Furcht und Freiheit von instrumenteller Objektivierung* bedingen sich zwar nicht gegenseitig, sind aber ihrer Funktion nach analog, nämlich Ideen der Vernunft für Prozesse, die deshalb langfristig und gesamtgeschichtlich sein können, weil von ihnen das Minimum der Selbsterhaltung der Gattung und des Individuums *nicht* abhängt.

Exkurs über Ökonomie und Luxus

In der Phylogenese entstehen Überlebensvorteile nicht nur durch das, was die Selbsterhaltung unmittelbar verbessert, sondern auch durch eine Art von Luxus der Erhaltungsleistung. Das organische System, das durch Selbstaufrichtung der Prävention fähig geworden ist, gewinnt einen Vorsprung vor seinen biologischen Rivalen gerade dadurch, daß es etwas tun kann, was akut nicht notwendig, man würde heute sagen: nicht relevant ist.

Es verhält sich so, *als ob* kritische Situationen schon beständen oder bevorständen. Mit andern Worten: es verfährt nicht im strikten Sinne ökonomisch. Dies hat, in der späten Sprache der Philosophie formuliert, etwas mit dem *Willen zur Macht* zu tun. Der Wille zur Macht ist ein Überschuß über den Willen zur Selbsterhaltung, denn Macht ist nichts anderes als ein Vorgriff der Selbsterhaltung, die Ausschaltung nicht nur wirklicher, sondern auch möglicher Risiken. Damit hängt die *Rationalität von Aggression* zusammen. Aggression heißt: in den Aufmarsch der widrigen Faktoren präventiv hineinstoßen. Unzweifelhaft liegt in dem Zusammenhang von Prävention und Aggression eine rationale Struktur vor, auch wenn dies den Begriff der Rationalität von den Wirkungen her diffamieren mag.

Die anthropologische Erörterung begünstigt den *Positivismus* aller Spielarten. Positivismus ist, sehr allgemein gesprochen, eine Theorie der theoretischen und praktischen Ökonomie. Er beginnt schon theologisch in dem Augenblick, in welchem Gott zugeschrieben wird, daß er seine Allmacht nicht in einem unendlichen Schwall des Überflüssigen ausschüttet und realisiert, sondern hausväterlich mit der Natur verfährt, indem er jede Wirkung auf dem kürzesten Wege und mit dem geringsten Aufwand zu erreichen verordnet. Man darf diesen Versuch, von der

Theologie her ontologisch zu verfahren, nicht verwechseln mit dem erkenntnistheoretischen *Ökonomieprinzip*, das umgekehrt eine Art von Selbstverteidigung der Vernunft gegenüber der Flut der Wirklichkeit ist. *Ockhams Ökonomie* ist von diesem Typus: sie setzt voraus, daß auf der Seite der Wirklichkeit die Allmacht ungehemmt sich äußert und manifestiert, und daß auf der Seite der Erkenntnis gerade dies alle Verlegenheiten und Ausweglosigkeiten erzeugt, so daß ein künstliches System der begrifflichen Eindämmung der Realität von der Vernunft geschaffen werden muß. Die sparsame Vernunft steht gegen die verschwenderische Großzügigkeit der Schöpfung. Generelle Prämisse ist, daß der Mensch in einer alarmierenden, bedrängten Situation der rationalen Verelendung gesehen wird. Es reicht dann für nichts anderes mehr als für die nackte Selbsterhaltung.

Was Ökonomie ist, hängt davon ab, was für knapp gehalten wird. Positivismen beruhen überwiegend darauf, daß Energie für knapp gehalten wird. Daß Gott keine Kraft unnötig vergeudet, wenn dasselbe Ziel mit geringerem Aufwand erreicht werden kann, ist bereits von *Malebranche* ausgesprochen worden. *Maupertuis* hat es auf die Natur bezogen, indem er jede natürliche Wirkung, also den Übergang von einem Zustand in einen anderen, sich mit dem geringst möglichen Energieverlust vollziehen läßt. Durch *Spencer* ist diese Form des Ökonomieprinzips in die Biologie übergegangen. Der Organismus ist danach ein System, das eine Selbsterhaltung mit dem geringsten Verlust an Energie betreibt, wobei Selbsterhaltung als Gleichgewichtszustand definiert ist. Die Funktionsweise des zentralen Nervensystems läßt sich mühelos dieser Prämisse zuordnen. Der Positivismus von *Avenarius* und *Mach* hat dann das Prinzip abstrakter auf die Existenz einer objektiven Wissenschaft, der autonomen Institution *Wissenschaft*, angewendet. Ökonomie als Sparsamkeit gewinnt hier den Zug von Ökonomie als *Akkumulation* eines Kapitals, welches dem Individuum größere Möglichkeiten gibt, als es sich selbst ontogenetisch je verschaffen könnte. Die erworbene Erfahrung läßt sich menschheitlich auswerten, sie ist in Gestalt von Begriffen, Theoremen, Hypothesen und Gesetzesaussagen thesauriert. Wissenschaft dispensiert den einzelnen von der Notwendigkeit, Erfahrungen für sich zu machen und zu sammeln, die geschichtlich schon gemacht worden sind – aber nur, um den Vorteil und *Vorsprung der Selbsterhaltung* dadurch auszubauen, die Reichweite der Prävention zu erweitern. Je mehr die Fähigkeit der Erwartung verfeinert ist, umso größer sind die Chancen, sich auf das einzustellen, was bevorsteht.

Nun ergibt sich bei solchen reduktiven Theorien und Postulaten immer die Frage: war es dies eigentlich, was wir seit je gewollt und gewünscht haben? Es ist die Funktion einer Geschichte des menschlichen Denkens und Handelns, zumindest diese Frage nicht in Selbstverständlichkeiten des immanenten Erkenntnisbetriebs zum Opfer fallen zu lassen. *Erstaunt über den Positivismus* kann nur sein, wer sich vor Augen zu halten imstande ist, was an Motivationen hinter der theoretischen Dynamik der europäischen Geschichte seit den Griechen, aber auch noch seit Beginn der Neuzeit steht.

Jeder Positivismus hält es für selbstverständlich, daß vor allem anderen eine bestimmte Größe objektivierbar sei, nämlich die der menschlichen *Bedürfnisse*. Diese Prämisse hat der Positivismus übrigens gemeinsam mit der Tradition der verschiedenen Sozialismen des 19. Jahrhunderts seit der Französischen Revolution. Am weitesten geht diese Prämisse der Objektivation dann, wenn sie einschließen zu können glaubt, es sei auszumachen, was das *Glück* des Menschen gewährleiste. Der Bedürfnisbegriff ist dann über das Kriterium der Selbsterhaltung hinaus erweitert – wobei ›Erweiterung‹ vielleicht schon ein Ausdruck der Täuschung ist. Gibt es einen Zusammenhang zwischen den Bedürfnissen der Selbsterhaltung und den Bedürfnissen der Daseinsbefriedigung, der erfüllten Lebensform, der positiven Wertung des Faktums, in der Welt zu existieren? Es handelt sich hier um die anthropologische Transformation der *Seinsgrundfrage*. Ihre jede Ökonomie überschreitende Überflüssigkeit unterliegt keinem Zweifel. Die Frage ist: können wir das Überflüssige entbehren? Eine Antwort ist: nur dann, wenn das Notwendige, den Bedürfnissen Genügende noch nicht glücklich macht.

Ist es wahr, daß die Geschichte der Wissenschaft die positivistische Annahme bestätigt, Wissenschaft formiere sich immer mehr reduktiv zur *Erfüllung des Prinzips des kleinsten Kraftaufwandes* hin? Dafür spricht am wenigsten die von Zeit zu Zeit laut werdende Klage, der Wissenschaftsbetrieb habe es vorwiegend mit den Quisquilien, mit dem Irrelevanten, mit den Dingen vom Orchideentypus zu tun. Nun ist die Berechtigung solcher Klagen fast unbestreitbar, aber im Einzelfall nur scher umzusetzen in Postulate, sofern man dahinter nicht das liebenswürdige Bedürfnis wahrnimmt oder sogar befürchtet, es handle sich um ein Anerbieten, die Ämter von Schiedsrichtern einzurichten und zu besetzen (»Prozeß der theoretischen Neugierde«). Man hat nicht gemerkt, das die heute so angesehene und verbreitete Theorie der Wissenschaftsgeschichte von *Thomas S. Kuhn* (»Die Struktur wissenschaftlicher Revolutionen«), deren Beliebtheit sich oberflächlich an das Grundschema der Diskontinuität theoretischer Prozesse klammert, geradezu auf einem antithetischen Prinzip zu jeder Ökonomie theoretischen Verhaltens beruht. Jene Diskontinuitäten, von denen Kuhn spricht, entstehen nämlich nur dadurch, daß im Bereich etablierter Theorien (Paradigmata, normierte Wissenschaft) überflüssige, der bloßen Schulverfestigung und Selbstbestätigung dienende Geschäftigkeiten stattfinden, wie etwa die *übertriebene Verfeinerung* von Meßgenauigkeiten über die Toleranzen hinaus, die zur Erhaltung der vorherrschenden Theorie erforderlich sind. Die wissenschaftliche Revolution, in der Sprache Kuhns, der Wechsel der Paradigmata, der Fortschritt also – um es in einer konventionellen Sprache zu sagen – der wissenschaftlichen Theorie, entsteht im Randbereich der übertriebenen Verfeinerung durch das Auftreten inkonsistenter Daten. Kuhns berühmtestes Beispiel ist die Ungenauigkeit in der Drehung des Merkurperihels um die Sonne um 43 Bogensekunden in einem ganzen Jahrhundert – ein Wert, den man nie gefunden hätte, wenn man sich im Rahmen der von Newtons Dynamik vorgegebenen Genauigkeiten und erforderlichen Toleranzen gehalten hätte.

Es ist also zweifelhaft, ob das positivistische Postulat der Denkökonomie auch ein Prinzip des wissenschaftlichen Fortschritts sein kann. Ich befürchte, es wäre aber ein Prinzip der Stagnation, sofern man befürchten müßte, daß es im wissenschaftlichen Betrieb je irgendwo praktiziert worden wäre. Damit behaupte ich schon, daß es um Rationalität als Ökonomie zumindest geschichtlich schlecht bestellt ist – daß aber dieser Sachverhalt allein die wissenschaftliche Wirklichkeit begünstigt. Die *Idee der theoretischen Ökonomie* ist ein Produkt geschichtlicher Bedrängnisse oder auch nur der Vorstellung ständiger Bedrängnisse des Menschen, der biologistischen Beschreibung seiner Situation als einer ständigen Darwin-Situation, nicht der Inbegriff der Beschreibung geschichtlicher Motivation zu Wissenschaft.

Wenn das aber so ist, dann kann Ökonomie auch nicht das Instrument der Festlegung der Bedürfnisse sein, die im Zusammenhang theoretischer Systeme befriedigt werden. Dies ist zumindest sehr unwahrscheinlich und wird zudem noch, wenn Kuhn recht hat, gerade durch den Erfolg der Geschichte von Wissenschaft widerlegt. Das Schema ist, daß Rationalität gerade in der Zulassung des rational nicht zu Rechtfertigenden, die Legitimation der ›Relevanz‹ schuldig Bleibenden hergestellt werden kann. So wenig einfach ist das.

Hier stellt sich zum Beispiel die Frage, ob man sich der Problematik solcher Begriffe wie *Welt, Zeit, Substanz, Subjekt, Kraft* und so weiter nicht dadurch entledigen kann, daß man nachweist, für den puren Bestand der elementaren Leistungen von Wissenschaft sei die Einführung dieser Begriffe ganz überflüssig und dem Kriterium des geringsten Aufwandes widersprechend. Nun kann man einerseits zeigen, daß diejenige moderne Wissenschaft, die sich die positivistische Kritik zum Exempel genommen hat, geschichtlich gar nicht zustande gekommen wäre, hätte sie sich nicht dieser diffamierten Begriffe irgendwann in einer sehr konstruktiven Weise bedient. Ich erinnere an die Funktion der Begriffe des absoluten Raumes und der absoluten Zeit in den Prinzipien Newtons. Viel wichtiger ist aber die Frage, ob Wissenschaft nicht jede Beziehung zu den Fragen verlieren würde, die menschliche Bedürfnisse über das Prinzip der Selbsterhaltung hinaus angehen, sofern sie Begriffe eliminiert, die noch eine kontinuierliche Deszendenz aus der Lebenswelt besitzen und darin ein gewisses Maß der Umsetzbarkeit wissenschaftlicher Theoreme verbürgen.

Der schärfste Widerspruch gegen das positivistische Ökonomieprinzip geht von Kant aus, und zwar nicht von seiner Erkenntnistheorie, sondern überraschenderweise von seiner Kritik am Eudämonismus: *Glück kann kein objektiver Begriff sein*. Wenn aber dies nicht, dann gibt es überhaupt keine Objektivität und Objektivierbarkeit menschlicher Bedürfnisse, es sei denn, diese würden auf die bloße Selbsterhaltung reduziert. Wer das tut, akzentuiert die Selbsterhaltung zum zentralen Vorgang des Lebens als Kampf ums Dasein und verhindert dessen Überlagerung durch die nicht rivalisierende Subjektivität der Glücksansprüche. Die *Identität der Glücksansprüche aller wäre die vollkommene Katastrophe*, weil sie die schlechthinnige Rivalität aller um dasselbe wäre. Ich erinnere an den Versuch, das Auto zum objektiven Glücksgut zu erheben. Auf der Subjektivität der Glücksvorstellungen beruht die Lebensfähigkeit des Menschen.

Arnold Gehlen hat in seiner Anthropologie die Entstehung des Begriffs als Leistung der *Entlastung* unter den Bedingungen der Reizüberflutung beschrieben. Das ermöglicht ihm, die besondere Art von *Rationalität* auszuüben, die im Begriff der *Ökonomie* steckt. Jede Leistung ist hier ein Stück Ersparnis: das Wort ist Ersparnis der Anschauung, die Anschauung Ersparnis des Betastens – man könnte hinzufügen: noch das Betasten ist Ersparnis des Riechens oder Schmeckens als der Begleitsinne des Fressens. Das *Ende der Isophagie* ist vielleicht dann gekommen, wenn man einander, statt zu fressen, nur noch die Nasen reibt oder auf dem Flughafen umarmt.
Ich habe den Gesichtspunkt der *Prävention* betont, weil er dem Vorgang der Selbstaufrichtung als anthropologischer Ursprungsleistung am genauesten entspricht. Aber auch die Prävention ist ein Inbegriff von Entlastungen. Sie befreit künftige Situationen davon, in der Irritation durch Reize zu ersticken oder zu zerflattern. Sie tut es, indem sie *das Mögliche vorweg verarbeitet.* Für Gehlen ist der Inbegriff dessen, was bei der Entlastung noch in ihren höchsten Formen symbolisch-abstraktiver Leistungsgefüge herauskommt, nichts anderes als die pure Selbsterhaltung, der Inbegriff der Antworten auf die Frage, wie dieses gefährdete organische System überhaupt *überleben* kann. Ich neige dazu, trotz der Rationalität der Fragestellung darin *zu wenig* für eine philosophische Anthropologie zu erblicken.
Ich meine, der Grundbegriff der Prävention führt weiter. Denn zur bloßen Entlastung tritt hier der Sachverhalt, daß das *Weniger*-wahrnehmen-*Müssen* ganz in den Dienst des *Mehr*-wahrnehmen-*Könnens* tritt, das selbst die Prävention ist, aber zugleich die Wurzel einer weitergehenden Einlassung auf das, was dabei freigestellt zugänglich wird. Denn die Prävention schafft zugleich die Freiheit, das, was sie zugunsten der Vorwegnahme des Möglichen

wahrnimmt, auch als Angebot von Wahlhandlungen zu nehmen, die auf den *Genuß* tendieren. Soviel auch die Befreiung von Furcht als Zweck der Geschichte bedeuten mag, das von Furcht sich befreiende und befreite Wesen genügt sich darin im Resultat nicht, weil ihm in den Handlungen der *Neutralisierung* zugleich die Beziehung der Genießbarkeit aufgegangen ist. Als Paradefall erscheint mir der *Mythos*: seiner Funktion nach gehört er ursprünglich ganz in den Zweckzusammenhang der Befreiung von Furcht; am Ende ist er aber zugleich ein unerschöpfliches Reservoir für die Grundfiguren dessen, was schon in überständigen Ritualen und deren ästhetischem Reiz, in der Dichtung, in der Tragödie nur noch genossen werden kann.

Wenn das so ist, kann das Instrumentarium der Prävention und der Entlastung nicht der Gipfel menschheitlicher Hervorbringungen sein. Auch die *Leistung des Begriffs* wäre dann nicht etwas Letztes und für sich Werthaltiges.

Meine These: die Abkehr von der Anschauung steht ganz im Dienst der *Rückkehr zur Anschauung*. Das ist freilich nicht die Wiederkehr des Gleichen, die Rückkehr zum Ausgangspunkt, und schon gar nicht etwas, was mit Romantik zu tun hätte. Der Begriff, das Instrument der Entlastung, der entspannten Vergegenwärtigung des Nicht-Anwesenden, ist zugleich das Instrument einer Anwartschaft auf neue Gegenwärtigkeit, neue Anschauung – aber diesmal einer nicht aufgezwungenen, sondern aufgesuchten. Der *Genuß* erfordert die Rückkehr zur vollen Sinnlichkeit unter den Bedingungen des Rückkehrenden. Die Reizentlastungsbewegung wird umgekehrt in eine Reizsuchebewegung, die nur möglich wird aus der zuvor entlasteten Grundstellung heraus. *Der Erfolg des Begriffs ist zugleich die Umkehrung seiner Funktion:* er leitet nur den Prozeß ein, in welchem ein zum Gegenstand gewordenes tremendum, Unbekannt-Schreckendes als genießbarer Gegenstand wiederkehrt. Schon theoretisch leistet der Begriff schließlich nichts anderes, als die Verfügbarkeit des Gegenstandes potentiell bereitzuhalten, abrufbar zu machen.

Die *Metapher* ist gerade deshalb auch ein ästhetisches Medium, weil sie sowohl in der Ursprungssphäre des Begriffs beheimatet ist als auch für die Unzulänglichkeit des Begriffs und seine Leistungsgrenzen noch fortwährend einzustehen hat. Die Metaphorologie ist zwar keine ästhetische Disziplin, sie betrachtet das Verhältnis von Begriff und Metapher als genetisches und funktionales, aber es gehört durchaus zu ihrer Thematik, zu beschreiben und zu erklären, wie die Metapher in den ästhetischen Kontext überhaupt eingeht oder besser: wie das Ästhetische in seiner Gesamtheit aus dem metaphorischen und mythischen Substrat hervorgeht.

In der *ästhetischen* Sphäre erscheinen die Funktionen der anthropologischen Entwicklung wieder, aber ohne ihre Besetzung mit der negativen Qualität von Angst und Furcht, damit aber auch ohne die Einspannung in die Prävention. Das Unvorhersehbare ist nun die Überraschung. Noch die Kühnheit einer Metapher, die extrem auseinanderliegende Bereiche miteinander verbindet, wird dem Genuß dienstbar gemacht. Das Unvorhersehbare tritt als ein gezähmtes auf, in Dressur, in Domestikation. Die Furcht hat sich in den angenehmen Schauder angesichts einer Bestie verwandelt, die nur für ihren Dompteur gefährlich sein mag (Schiffbruch und Zuschauer).

Hier ist dann allerdings auch die Rückverwechslung möglich, für diejenigen, die die Metapher beim Wort genommen wissen wollen, die Schein und Wirklichkeit insofern vertauschen, als sie mit den Änderungen am Schein schon etwas an der Wirklichkeit verrichtet zu haben glauben.

Umgekehrt gibt es den vorwurfsvollen Zuschauer, der

am Nur-Ästhetischen nicht genug hat und es der Fiktion übelnimmt, daß sie nur Fiktion sein will.
Die ästhetische Fiktion als die Schwundstufe einer Realität, die nur in der Anspannung der *Prävention* ertragen und durchgestanden werden konnte, erweist sich als umkehrbarer Ansatz, zumindest Realität zurückzufordern, vielleicht ohne zu wissen, welche Realität dies sein müßte. Die entspannte Situation des Zuschauers wird nicht ertragen oder soll nicht ertragen werden, die Verwechslung von Wirklichkeit und Fiktion wird zur Voraussetzung einer eigenen Art von Rhetorik, die das Ende von Kunst fordert, weil sie damit eo ipso Realität eintauschen zu können glaubt.
Mit den Illusionen Schluß zu machen, bedeutet aber noch nicht, mit dem Realismus anzufangen – sonst hätte die jahrhundertelange Abbauarbeit an den Vorurteilen längst den ungetrübten Blick auf die voraussetzungslose Objektivität freilegen müssen.
Die Überraschungsqualität des Ästhetischen ist also der entlastete Nachvollzug der anthropogenetischen Frühsituation, in der allen Möglichkeiten zuvorzukommen war. In der Kunst ist immer wieder alles versucht worden, die Ursprünglichkeit des Unerwarteten, bis zu jeder Wirklichkeit Unähnlichen wiederherzustellen. Eine der ästhetischen Richtungen, die die Verwechselbarkeit von Fiktion und Realität auszuschöpfen versuchte, war der Surrealismus. Anaïs Nin berichtet aus dem Herbst 1937 ein Erlebnis mit dem Begründer der Schule des Surrealismus, André Breton (Tagebücher II 219). Breton habe ihr eine Geschichte erzählt, »die das genaue Gegenteil dessen war, was ich von ihm erwartete.« Es habe in der Gruppe der Surrealisten etwas gegeben, was wir heute als ›Happening‹ bezeichnen würden, die ungeplante Aktion zur Herbeiführung von Überraschungen. Man sei mit einem Zuge irgendwohin an einen unbekannten Ort gefahren

und habe dort erwartet, was sich ereignen würde, in der Hoffnung, es könnte einmal eine wirkliche Überraschung darunter sein. Es war der Versuch, das Unerwartbare erwartbar zu machen. Die Geschichte, die Breton Anaïs Nin erzählt, betrachtet sie unter dem Aspekt dieser ästhetischen Disposition des Begründers des Surrealismus. Sie hatte folgenden Inhalt: Breton habe vor einigen Tagen den Brief einer Frau erhalten, einen schönen Brief, in dem von der Bedeutung die Rede war, die Breton dem ästhetischen Zufall, der Überraschung beimesse. Die Briefschreiberin habe daraufhin den Vorschlag für eine solche Überraschung gemacht: sie würde sich gern um Mitternacht mit Breton unter dem Pont Royal treffen, wobei sie ihre Identität nicht preiszugeben wünsche. Die Zuhörerin der Geschichte wartet auf den adäquaten Schluß. Breton jedoch schließt mit dem Satz: »Ich bin natürlich nicht hingegangen.« Die Zuhörerin ist erstaunt und fragt zurück, was daran für ihn ›natürlich‹ gewesen sei. Antwort: »Weil ich viele Feinde habe, es könnte eine Falle gewesen sein.« Der Erzähler bemerkt die Enttäuschung seiner Zuhörerin und ergänzt seine Geschichte daraufhin: »Als sie mir noch einmal schrieb, bin ich schließlich gegangen. Aber ich sorgte dafür, daß zwei Freunde oben auf der Brücke standen, von wo ich sie im Falle der Gefahr herbeirufen konnte.« Das ist für die Zuhörerin Bretons die vollendete Selbstentlarvung des ästhetischen Theoretikers: anstelle der möglichen ästhetischen Auffassung der Situation hat er wieder die Prävention gesetzt, indem er die Bereitschaft zur Überraschung nicht als ästhetische durchhalten konnte, sondern die Fiktion beim Wort nimmt, als risikoreiche, auf ihre Zweideutigkeit hin zu nehmende Realität. Die Bereitschaft zur Überraschung erweist sich als, wie Anaïs Nin schreibt, »bewußt und vorbedacht«, als »eine intellektuelle Technik«, eine Sache des Labors. Dieser Vorwurf ist naiv, psychologisch ganz und gar unberechtigt, aber Konsequenz gerade derjenigen Verwechslungen, deren Herstellung dem ästhetischen Programm des Surrealismus entsprach. Die Zuhörerin reagierte also gerade so, wie sie sollte, wenn das Programm funktionsfähig gewesen wäre. Sie wendet einen Wirklichkeitsbegriff, den die ästhetische Theorie voraussetzt, auf den Begründer dieser Theorie an – was diesem zu Recht peinlich ist, aber zu den unvermeidbaren Peinlichkeiten für den gehört, der sich auf eine derartige Theorie einläßt. Der unbeteiligte Zuschauer, dem diese Anekdote angeboten wird, reagiert auf sie in ganz anderer Weise als die beiden an ihr beteiligten Personen, nämlich durch Lachen. Das Lächerliche besteht gerade darin, daß Breton und seine Zuhörerin verschiedene Wirklichkeitsbegriffe haben.

Wir müssen uns daran gewöhnen, daß der Begriff nicht das Selbstverständliche ist. Zu sagen, dies ist ein Elefant, setzt die Frage: was ist dies? voraus. Die Frage wurzelt darin, daß es nicht selbstverständlich ist, gesehen zu haben, was das ist und was es bedeutet, was da jeweils begegnet, vermutet oder erwartet wird. Es ist nicht geregelt, was wahrgenommen werden kann und was es für das Verhalten bedeutet. Die Situation der Frage und damit der den Begriff implizierenden Antwort ist eine solche der Unbestimmtheit. Der Auslöser regelt immer ganz selbstverständlich, was geschieht, was zu tun ist, wie reagiert zu werden hat. Er ähnelt dem Befehl, bei dem vorausgesetzt wird, daß andere den Begriff haben. *Die Wahrnehmung ist gewissermaßen ein Auslöser, der nicht funktioniert*, ohne daß zuvor gefragt worden wäre oder gefragt werden könnte, was er erfordert. Vor die Handlung, und wäre diese die bloße Erledigung eines Eindrucks, das Auf-sich-beruhen-Lassen, tritt immer dann ein Zögern, eine ungenutzte Zeitstrecke, wenn die Situation der Deutlichkeit entbehrt. Es muß nicht das Unbekannte sein, es genügt das Unbestimmte oder das Noch-Unbestimmte, die Unklarheit, die Undeutlichkeit.
Es ist eine philosophische Fiktion, so etwas wie eine professionelle Unterstellung, daß eine Wahrnehmung als solche schon ein *präformiertes Urteil* enthalte. Wir wissen heute u. a., daß die Möglichkeit von Wahrnehmungen schon unter einer Selektion durch den verfügbaren Sprachapparat, Semantik und Syntax, steht. Eine Sprache, die außer Singular und Plural auch noch den Numerus des Dual kennt, erzwingt eine schärfer distinkte Beobachtung auf der Grenze dieser drei Gegebenheitsweisen. Aber genauso gilt, daß die überwältigende Fülle aller Wahrnehmungen urteils- und begriffslos durch uns hindurch geht, unverarbeitet, unbeachtet wie ein Geräusch, wie ein Hintergrund, wie eine diffuse Landschaft. Ande-

rerseits geht auch solche Wahrnehmung wohl in unsere selbstverständlichen Vorgegebenheiten und Orientierungen ein. Die ständige Frage nach der Beziehung zwischen Begriff und Urteil einerseits, *Wahrnehmung und Erfahrung* andererseits verdeckt, daß wir es in der Begriffsbildung weitgehend nicht mit dem Gegenwärtigen zu tun haben, sondern mit dem Abwesenden, Entfernten, Vergangenen oder Zukünftigen.

Wenn ich den Unterschied von Begriff und Vernunft in Beziehung zu dem von Angst und Furcht setzten sollte, würde ich sagen, *Name* und *Begriff* fungieren in der *Auslegung der Angst*, die *Vernunft* in der *Überwindung der Furcht*. Nur wer diesen Unterschied erfaßt hat, kann sich dem ganzen Problem der Begriffsbildung und ihres Verhältnisses zur Unbegrifflichkeit nähern. In der Auslegung der Angst verwandelt der Begriff sie (sc. die Angst) in Bedrohung und Gefahr, gibt ihr Gesichter, läßt sie als das erscheinen, worauf Prävention hingewendet werden kann.

Der Nachweis, daß das theoretische Bedürfnis durch die Leistung des Begriffs in Urteilen und Urteilsverbindungen nicht erschöpft wird, läßt sich nur so führen, daß die Grenze des Begriffs und das jenseits dieser Grenze zu Leistende beschrieben werden.

Ein Begriff muß im Prinzip *definierbar* sein, auch dann, wenn in einer gegebenen Situation niemand imstande ist, die Forderung nach der Definition zu erfüllen. Rationalität beginnt nicht mit der *Erfüllung* bestimmter Forderungen, sondern damit, daß sie *anerkannt* werden.

Was ist eine Definition? Sprachlich tritt sie auf als Ersetzung eines Ausdrucks durch einen anderen. Logisch wird diese Ersetzung beschrieben als ein Äquivalenzverhältnis des einen Ausdrucks zu dem anderen. Die Definition ist die Regel, nach der ein Ausdruck äquivalent durch einen anderen ersetzt werden kann. Ich gebe einige Beispiele. Für den Ausdruck ›Allergie‹ hat der Wiener Kinderarzt Clemens von Pirquet schon 1906 die Definition ›veränderte Reaktionsfähigkeit‹ vorgeschlagen. Wenn diese Regel richtig ist, gestattet sie, das Urteil, jemand sei allergisch gegen etwas, zu ersetzen durch den Ausdruck, jemand habe eine veränderte Reaktionsfähigkeit gegen etwas. Wird in einer Diskussion die Behauptung aufgestellt, die in den Medien angebotene Unterhaltung sei »affirmativ«, und es erfolgt die Gegenfrage (etwas überraschend, denn was ›affirmativ‹ bedeutet, wagt niemand zu fragen), wie der Vertreter der These denn ›Unterhaltung‹ definiere, so kann er sich der Definition bedienen, sie sei »die angenehme, aber folgenlose Beschäftigung von Gefühlen und Verstand« (Elisabeth Noelle-Neumann). Er kann fortan auf den Ausdruck ›Unterhaltung‹ verzichten und an dessen Stelle setzen »jede angenehme, aber folgenlose Beschäftigung von Gefühlen und Verstand ist affirmativ«. Immer, wenn ich nicht nein sage, sage ich ja. »Wer nicht für mich ist, ist gegen mich.«

Definitionen können *konventionell* oder sogar *gesetzlich* geregelt sein. Wer in Österreich ein Wiener Schnitzel beim Kellner bestellt, hat nach einer Verfügung des österreichischen Innenministeriums vom August 1970 das Recht, »ein gebackenes Stück Kalbfleisch« zu erwarten, aber auch auf diesem zu bestehen, wenn er es bei bloßer Verwendung des Ausdrucks ›Wiener Schnitzel‹ nicht erhalten hat. In der sommerlichen Reisesaison war die Unsitte entstanden, den unkundigen Touristen auf ihr Verlangen nach einem Wiener Schnitzel ein paniertes Schweineschnitzel vorzusetzen (das bekanntlich wesentlich billiger ist). Wie ist der österreichische Innenminister zu dieser Definition gekommen, sofern er nicht sich die Kompetenz zumißt, frei zu entscheiden, was ein Wiener Schnitzel sei? In der Verfügung an die österreichische Wirtschaftspolizei heißt es darüber: »Das klassische Wiener Schnitzel darf nach den herkömmlichen Kochbüchern und nach den Verbrauchererwartungen nur noch aus Kalbfleisch zubereitet werden.« Wichtig ist, daß der Ausdruck ›Erwartung‹ in dieser Verfügung auftaucht. Man könnte sagen: *was etwas ist, beruht auf dem Standard der Erwartungen.*

Bei vielem, bei dem man zu wissen glaubt, was es ist und wie es abzugrenzen ist (Deutlichkeit des Begriffs), ergibt sich aus Unklarheiten, Differenzen und Schwierigkeiten des Gebrauchs, aus den Überschneidungen mit andren Gegenstandsgebieten, *eine Art historischer Klärung*, die gelegentlich nur noch kodifiziert zu werden braucht. Man glaubt, der Unterschied zwischen Zigarren und Zigaretten sei ein optisch, taktil und geschmacklich leicht zu treffender. Die zunehmende Besetzung des Zwischengebietes zwischen Zigaretten und Zigarren mit eigentümlichen neuen Produkten, die dem einen oder dem andren mehr oder weniger ähnlich sehen, hat jedoch den Gesetzgeber zu einer Entscheidung genötigt. Der im November 1972 vom Bundeskabinett verabschiedete »Entwurf eines elften Gesetzes zur Änderung des Tabaksteuergesetzes« enthält im Artikel 1 folgenden § 2 (auszugsweise zitiert): »Zigaretten sind Tabakerzeugnisse, die aus einem umhüllten Feinschnittstrang bestehen. Tabakerzeugnisse mit einem Strang aus anderem Tabak als Feinschnitt gelten als Zigaretten, wenn 1. die äußere Hülle aus anderen Stoffen als Rohtabak besteht oder 2. das Stückgewicht unter 2,3 gr. liegt und der Tabakstrang mit einer äußeren Hülle aus Tabakfolie so umhüllt ist, daß die Naht der Tabakfolie parallel zur Längsachse des Tabakstrangs verläuft... Zigarren sind Tabakerzeugnisse aus anderem Tabak als Feinschnitt mit einem Umblatt aus einem aus Tabak bestehenden Deckblatt oder nur mit einem solchen Deckblatt. Besteht das Deckblatt aus Tabakfolie, so sind die Erzeugnisse nur dann Zigarren, wenn sie nicht als Zigaretten gelten.« Der letzte Satz ist besonders bemerkenswert für eine Definition: hat man in einer vollständigen Disjunktion, also in einer nur zweigliedrigen und nicht erweiterbaren Alternative, das eine Glied durch eine vollständige Wortersetzungsregel bestimmt, so kann man das andere dadurch erschöpfend bestimmen, daß man sagt, es sei dieses nur, sofern es nicht das andere sei.

Definitionen im Bereich industrieller Tätigkeit nehmen den Charakter der *Normierung* an und müssen all das enthalten, was einer näheren quantitativen Bestimmung bedarf. Es gibt Dinge, die uns alltäglich umgeben, und die doch für jedermann außerordentlich schwer zu definieren sind, auch wenn die Definitionsforderung darauf verzichtet, etwa die chemische Zusammensetzung zu verlangen. Was ist Glas? Es ist fast so schwer zu definieren wie eine Billardkugel zu beschreiben ist. Ich finde folgende, in der industriellen Normierung gebrauchte Definition: »Glas ist eine unterkühlte Flüssigkeit extrem hoher Zähigkeit mit praktisch unendlich kleiner Fließgeschwindigkeit.«

(Heinrich Kluth, FAZ 25. März 1970) Was ist Geld? »Geld ist derjenige Körper, dessen Veräußerung das Mittel und zugleich der Maßstab des Fleißes ist, mit welchem Menschen und Völker untereinander Verkehr treiben.« (Adam Smith, zit. von Kant, Akademie-Ausgabe VI 289) Was ist Gesundheit? »Gesundheit ist ein Zustand völligen körperlichen, geistigen und sozialen Wohlbefindens« (WHO).

Bei der letzten Definition bekommt man das Gefühl, daß das Verfahren an eine Grenze stößt, an der es nicht nur unergiebig, sondern fast unmöglich wird. Diskutiert man mit Leuten, die sich sehr vernunftgemäß verhalten zu sollen und zu können glauben, stößt man auf Schritt und Tritt auf Definitionsforderungen. Sie sind dann zumeist nicht Wortersetzungsregeln, sondern *Worteinführungsregeln.* Gelegentlich gelingt es, das Definitionsbegehren mit Humor zum Stillstand zu bringen (der natürlich irrational ist), durch die Simulation oder Parodie einer Definition. Am 11. Juni 1967 wurde ich nach einem Vortrag gefragt, mit welchem Recht und nach welchen Einführungsregeln ich mich des Ausdrucks ›Welt‹ bedient hätte. Der Wittgensteinschen Definition (»Die Welt ist alles, was der Fall ist«) konnte ich mich nicht bedienen, weil mir erschrekkend vor Augen stand, in welche uferlose Folgediskussion ich mich damit verwickeln würde. In meiner Verzweiflung entschloß ich mich zu einer Parodie: »Die Welt ist der geometrische Ort aller Punkte«. Obwohl es zu diesem Zeitpunkt bereits fast vollständig verboten war, angesichts der von Adorno festgestellten Unerträglichkeit der Welt und ihrer gesellschaftlichen Verblendungszusammenhänge zu lachen, gelang mir dieser Effekt doch noch ein letztes Mal (für viele Jahre war es damit vorbei). Was ist der Erfolg eines Lacherfolgs? Man kann sich wieder etwas flüssiger unterhalten, ohne allzu genau geklärt zu haben, was die Welt sei.

Die so überspielte Verlegenheit mag auch und vor allem persönliche Insuffizienz gewesen sein; sie hat aber auch ein Fundament in der Sache. *›Welt‹ ist ein Ausdruck, bei dem der Versuch, Wortersetzungsregeln zu finden, konstitutiv zum Scheitern verurteilt ist.* Manche Leute sagen, damit sei überhaupt das Recht entfallen, von der Welt zu sprechen, denn: »Wovon man nicht sprechen kann, darüber muß man schweigen.« (Nach dem siebten und letzten Hauptsatz des »Tractatus« von Wittgenstein – welcher sich selbst allerdings keineswegs an diesen Satz gehalten hat, sondern ostentativ das Gegenteil zum Inbegriff seiner späteren Philosophie gemacht hat.)
Selbst wenn ich zur Zustimmung geneigt wäre, man solle Sätze über ›die Welt‹ fortan lieber überhaupt nicht mehr bilden und gebrauchen, wäre ich doch sehr unsicher, ob diesem Verbot jemals Erfolg beschieden sein könnte. Lassen Sie mich dem letzten Satz des »Tractatus« von Wittgenstein einen anderen Satz gegenüberstellen, der vielleicht erklärt, weshalb der derart apodiktische Jungphilosoph später an seinem Prinzip festzuhalten nicht bereit war. Dieser Satz stammt von Paul Valéry, aus dessen Dichtung »Mon Faust«: »*Tout ce qu'on peut écrire est niaiserie. Ce qui n'est pas ineffable n'a aucune importance.*«
Vielleicht sagt jemand, auf den Ausdruck ›Welt‹ könnten wir auch ganz gut verzichten. Solche Aussprüche wie »Die Welt ist schlecht« oder »Die Welt steht vor dem Untergang« sagten doch nichts und könnten eingespart werden. Die Schwierigkeit ist, wie weit man dann zu gehen bereit ist. Wer auf ›die Welt‹ verzichtet hat, wird vielleicht ins Zögern geraten, wenn man ihm zumutet, bei gleichen Bedingungen auch auf den Ausdruck ›die Freiheit‹ zu verzichten. Gerade für die Freiheit hat Kant diesen Sachverhalt nachdrücklich festgestellt: von Freiheit haben wir keinen Begriff, weil wir keine Wortersetzungsregel für den Ausdruck Freiheit angeben können. Sie

kann nur »als notwendige Voraussetzung der Vernunft« erschlossen werden. Also nicht nur ihre objektive Realität, sondern auch, was ein Begriff von ihr überhaupt zu enthalten hätte, kann nicht dargelegt werden. *Kant sagt ausdrücklich, daß für die Freiheit sogar die Methode versage, mangels des Begriffs für sie Analogien und Beispiele einzusetzen.* Kant begründet das damit, daß »ihr selbst niemals nach irgend einer Analogie ein Beispiel untergelegt werden mag« (Grundlegung zur Metaphysik der Sitten III; Akademie-Ausgabe IV 459). Daß der Gebrauch des Ausdrucks Freiheit dennoch unentbehrlich ist, ergibt sich daraus, daß sie »als notwendige Voraussetzung der Vernunft« zu erschließen ist. Genau dies wird damit bezeichnet, daß Freiheit kein Begriff, sondern eine Idee ist. Vielleicht ist ›Welt‹ ein Grenzbegriff, ›Freiheit‹ jedenfalls ist eine Idee. Trotzdem möchte ich nicht verschweigen, daß es von Goethe eine gegenüber dem Kanzler von Müller am 20. Juni 1827 ausgesprochene Definition gibt: »Freiheit ist nichts als die Möglichkeit, unter allen Bedingungen das Vernünftige zu tun« (Werke 23, 481) entspricht Kants Verständnis.

Die Vernunft erweckt die Erwartungen des Verstandes und enttäuscht sie zugleich.
Die Begriffe an den *Verstand*, die Ideen an die *Vernunft* zuzuteilen, ist nicht nur eine das Gemüt in Vermögen aufteilende Spezialität der Philosophie Kants, sondern hat seine Begründung in Sachverhalten, die sich als Leistungen beziehungsweise Grenzen von Leistungen beschreiben lassen.
Nun entsteht leicht der Verdacht, daß jeder Begriff, der sich nicht eindeutig einem Komplex von Anschauungen zuordnen läßt (wie der Begriff des Elefanten dem, was man zu erwarten hat, wenn man in einem Reisebüro eine Safari bucht), nichts anderes als eine Erfindung, eine Fiktion, eine Konstruktion des menschlichen Intellekts ist. Der Begriff Freiheit wäre dann nichts anderes als die mangels irgendeiner entsprechenden Realität etikettierte Illusion des Menschen, nicht ausschließlich ein Element des Naturzusammenhanges und seiner Determinationen zu sein.
Der Sachverhalt ist aber komplizierter. Begriffe beruhen nicht nur auf Gegenständen, sondern Begriffe konstituieren auch Gegenstände. Ist der Begriff eine Regel, *Vorstellungen* in einer bestimmten Weise vorzustellen, also eine *Vorstellung der Vorstellung*, so gibt es Begriffe, die auf gar keine andere Weise zu ihren Gegenständen kommen, als daß die Regel selbst den Gegenstand erzeugt. Kant war der Ansicht, daß unsere mathematischen Begriffe von diesem Typus sind; das war ein Widerspruch gegen jede Art von Platonismus, der auch physisch nicht Vorhandenes als Vorfindbares und Vorgegebenes behauptet, wie etwa die Begriffe ethischer Normen, Werte von Handlungszielen usw.
Ich meine noch einen anderen Sachverhalt, der sich dadurch von dem der Erzeugung mathematischer Begriffe unterscheidet, daß er einen Zugang in die Empirie er-

öffnet. So etwas ist der *Begriff des Unbewußten.* Wenn man darüber nachdenkt, wie dieser Begriff zustande gekommen ist und wie er sich geschichtlich transformiert hat, kommt man aus dem Staunen darüber nicht heraus, wie zeugungskräftig eine solche begriffliche Prägung sein kann. Es sieht wirklich so aus, als läge hier zunächst nur ein Wort vor, welches überhaupt keine Hilfe anbietet, einen Gegenstand, einen Sachverhalt, einen Prozeß zu erfassen. (Etwas Ähnliches spielt sich gegenwärtig mit dem Begriff »Institution« ab.) Das Unbewußte wird in vergleichbarer Weise erschlossen, wie Kant es für die Freiheit behauptet hatte. Ein bestimmter Bewußtseinsinhalt läßt angeblich keine andere Erklärung zu als die, daß 1. in der Vergangenheit mit einem langen zeitlichen Zwischenraum ein Ereignis oder ein Erlebnis stattgefunden hat, welches eine bestimmte Reaktion ausgelöst hat, die zum Verschwinden ebendieser Erfahrung als eines bewußten Inhaltes geführt hat; 2. das Verschwundene sich nicht aufgelöst, sondern nach einem Erhaltungsprinzip verborgen und konserviert hat; 3. daß dieser verborgene Inhalt sich im Bewußtsein in spezifischen Korrelaten auswirkt und bemerkbar macht.

Das ist nicht völlig neu. Leibniz hat einmal eine Definition der Musik gegeben, sie sei die Ausübung der Arithmetik in einem geistigen Vermögen, dem vor sich selbst verborgen ist, daß es Zahlen erzeugt: »Musica est exercitium Arithmeticae occultum nescientis se numerare animi.« Es geht hier darum, daß bei der Ausübung einer Tätigkeit die Voraussetzungen, von denen diese Tätigkeit objektiv völlig bedingt ist, nicht als distinkte Begriffe verfügbar sein müssen. Schopenhauer schreibt: »Ein fertiger Billardspieler (etwa der marqueur auf dem Kaffeehause) hat von den Gesetzten des Stoßes elastischer Körper auf einander eine vollständige Erkenntnis im Verstande: aber einer, welcher die Mechanik wissenschaftlich studiert hat, hat jene Erkenntnis in der Vernunft.« (Nachlaß I, 214; 1814)

Genau genommen, ist der Begriff des Unbewußten eine Verfahrensregel, wie man sich angesichts eines bestimmten Bewußten oder zumindest phänomenal Objektivierbaren zu verhalten hat: man hat zu suchen, zu fragen, zu analysieren, welche Erfahrung dem über die Latenzphase hinweg wirkenden, unbekannten, für sich selbst nicht objektivierbaren Sachverhalt zugrunde liegt. Das Unbewußte ist ein *Hilfsbegriff* für bestimmte technische Operationen, ohne den diese sehr wohl möglich, aber nicht verständlich wären. Der Begriff des Unbewußten gibt eine Totalität des Bewußtseins an, die in keiner Erinnerung oder Erwartung, also in keiner Form von Selbstbewußtsein der Identität, nachweislich ist: die energetische Geschichte des Subjekts, beherrscht vom Konstanzprinzip, ist prinzipiell lückenlos, und sie kann es nur dadurch sein, daß die Diskontinuität des Bewußtseins unterbaut und überbrückt wird durch die energetische Latenz des Unbewußten.

Nicht zufällig ›arbeitet‹ das Unbewußte in einer kodierten Sprache: in Symbolen (wenn sie nur empirisch dekodierbar sind, also durch kontingente Zuordnungen), in Metaphern (wenn sie immanent dekodierbar sind: zwar ist der Phallus ein Symbol der Fruchtbarkeit, wenn man weiß..., aber deshalb ist die Schlange noch kein Symbol des Phallus, sondern metaphorisch vermittelt).

Mich hat die Beobachtung überrascht, daß der Begriff des Unbewußten in den dargestellten Funktionen dem der Freiheit sehr *streng analog* ist. Das Unbewußte ist das Ding an sich – besser: eines der Dinge an sich. Ich habe zitiert, was Kant 1786 in der »Grundlegung zur Metaphysik der Sitten« darüber sagt, daß der Freiheit niemals nach irgendeiner Analogie ein Beispiel untergelegt werden kann. Es ist aber doch bedenklich, daß Kant ein Jahr später in der Vorrede zur zweiten Auflage der »Kritik der reinen Vernunft« selbst gegen diese Erklärung verstoßen hat, und zwar in der wichtigen Anmerkung, in welcher er Kopernikus und Newton in dasselbe Verhältnis setzt, in welchem bei ihm theoretische und praktische Vernunft stehen. Das bezieht sich ganz und ausschließlich auf den Begriff der Freiheit.

Diese merkwürdige Vorrede ist sechs Jahre nach dem ersten Erscheinen der Kritik der reinen Vernunft geschrieben. Kant hat enttäuschende Erfahrungen mit der Wirkung seines Werkes gemacht. Er hatte den möglichen Erfolg seiner Beweisführungen überschätzt. Jetzt, in der Vorrede zur zweiten Auflage, bietet er mit großer Vorsicht seinem Leser an, mit der Hauptthese des Werkes zunächst einmal wie mit einer Hypothese umzugehen, sie provisorisch zu erproben und zu bewähren. Unter den Bewährungen, die Kant selbst im Auge hat, ist die wohl wichtigste die Philosophie der praktischen Vernunft (1786 »Grundlegung zur Metaphysik der Sitten«; 1788 »Kritik der praktischen Vernunft«; 1794 »Die Religion innerhalb der Grenzen der bloßen Vernunft«). Wie ist es möglich, daß die Moral zur Bestätigung der Metaphysik werden kann? Kant sagt, das »Experiment einer Gegenprobe der Wahrheit des Resultats jener ersten Würdigung unserer Vernunfterkenntnis a priori« liege gerade darin, daß sie »nur auf Erscheinungen gehe, die Sache an sich selbst dagegen zwar als für sich wirklich, aber von uns unerkannt liegen lasse«. Von dieser ›Sache an sich selbst‹ gibt es keinen Begriff, sie ist in der Redeweise Kants ein ›Noumenon im negativen Verstande‹, ein ausgesparter Leerraum, für den keinerlei Bestimmtheit erreicht werden zu können scheint. Jeder Versuch, für diesen leeren Platz dennoch Bestimmtheiten zu finden, führt nach dem Ausweis der transzendentalen Dialektik in Antinomien, Paralogismen, Widersprüche. Nun ist die Unterscheidung

von Erscheinung und Sache an sich theoretisch kein Vorteil, im Gegenteil, eine schwere Enttäuschung, weil alle Aussagen von Wissenschaft sich fortan nur auf Erscheinungen beziehen lassen und sich über die Sache an sich gar nichts mehr sagen läßt. Der Zwang, trotz dieser Enttäuschung die Entscheidung dennoch zuzugestehen, lag nur in den Widersprüchen, die sich aus der Anwendung unserer Begriffe auf Dinge an sich eingestellt hatten.
Nun aber kommt, für das Publikum Kants, die Überraschung, daß sich nachträglich die Enttäuschung der *theoretischen* Vernunft als die einzige Möglichkeit der *praktischen* Vernunft herausstellt, nämlich als die einzige Möglichkeit, trotz des absoluten Determinismus der Natur und Naturwissenschaft Freiheit zu denken. Es gibt kein Bewußtsein von Freiheit, keine Erfahrung von Freiheit, keine Konstruktion von Freiheit – daher im strengen Sinne keinen Begriff von Freiheit. Aber sie ist die Bedingung der Möglichkeit dessen, daß wir wissen, worin der Unterschied von Gut und Böse besteht, daß wir sittliche Wesen sein können. Gäbe es Erfahrung von Freiheit, gäbe es eo ipso keine Möglichkeit von Erfahrung mehr – weil die Geltung des Determinismus der Kausalität Bedingung der Möglichkeit von Gegenständen der Erfahrung ist. Für die praktische Vernunft wird, als Bedingung ihrer eigenen Möglichkeit im Bewußtsein zu sollen, die Existenz der Freiheit *Postulat.* Man könnte sagen, *was immer sie sei, es muß sie geben.* Und an dieser Stelle bedient sich die »Kritik der praktischen Vernunft« jenes von der theoretischen Vernunft leer gelassenen Platzes, um an die Stelle des Noumenon im negativen Verstande ein eben solches im positiven Verstande zu setzen – ein rein gedachtes also, für das keine Erfahrung jemals die Anschauung verschaffen könnte. Kein Begriff allein schon deshalb, weil das derart Gedachte sich selbst nicht als Erwartung verstehen darf, durch Anschauung erfüllt zu werden. Jenen leeren

Platz versteht Kant jetzt so, als hätte die theoretische Vernunft nicht nur der praktischen eingeräumt, sondern sie geradezu dahin gebracht, ihn auszunutzen. Kant schreibt: »Und bei einem solchen Verfahren hat uns die spekulative Vernunft zu solcher Erweiterung (sc. im Hinblick auf die Existenz der Freiheit) immer doch wenigstens Platz verschafft, wenn sie ihn gleich leer lassen mußte, und es bleibt uns also noch unbenommen, ja wir sind gar dazu durch sie aufgefordert, ihn durch praktische Data derselben, wenn wir können, auszufüllen.«

Auf dieses Wort ›auszufüllen‹ bezieht sich nun die Anmerkung, von der die Rede war. In dieser Anmerkung sieht Kant das Verhältnis von *Kopernikus und Newton* folgendermaßen: Kopernikus hat eine neue Hypothese über das Planetensystem aufgestellt, durch die die Sonne zum Zentralkörper wurde; es war ihm dabei nebensächlich, wenn nicht unbekannt, daß er den massereichsten Körper in das Zentrum des Systems setzte; dieser Sachverhalt war für ihn astronomisch gleichgültig. Nun kommt Newton und erkennt unter Voraussetzung des kopernikanischen Systems, daß es etwas bedeutet, wenn der massereichste Körper der Zentralkörper des Systems ist; es bedeutet nämlich etwas unter der Voraussetzung, daß die Körper sich im Verhältnis ihrer Massen (und im umgekehrten Verhältnis ihrer Abstände) gegenseitig anziehen. Der Begriff dieser *Anziehung* ist beim Anblick des kopernikanischen Systems erschlossen worden, denn es gibt *keine mögliche Erfahrung* von Kräften, die über den leeren Raum hinweg zwischen Körpern wirken. Aber erst die aus dem kopernikanischen System abgeleitete Theorie der Gravitation bestätigt ihrerseits vollends die Richtigkeit der kopernikanischen Hypothese.

Dasselbe Verhältnis soll nun zwischen der theoretischen und der praktischen Vernunft bestehen, der Begriff der Freiheit soll dieselbe Funktion haben wie der Begriff der

Gravitation. Newtons Zentralgesetze hätten »die unsichtbare, den Weltbau verbindende Kraft« bewiesen, »welche auf immer unentdeckt geblieben wäre«, wenn Kopernikus es nicht gewagt hätte, »auf eine widersinnische, aber doch wahre Art die beobachteten Bewegungen nicht in den Gegenständen des Himmels, sondern in ihrem Zuschauer zu suchen.« Während also Newton fürchtete, mit dem Begriff der Schwerkraft eine Hypothese in sein System einzuführen, welche er auf keinen Fall dulden zu sollen glaubte, kehrt Kant das Verhältnis genau um: Kopernikus ist der Mann der Hypothese, Newton derjenige, der die bestätigende Realität einführt. So soll der Leser auch das Verhältnis von theoretischer und praktischer Vernunft, zwischen Determinismus und Freiheit sehen.

Wenn wir nun von diesem Beispiel einen Schritt zurücktreten und an ihm das *Verhältnis von Verstand und Vernunft,* von Begriff und Idee zu erfassen suchen, so ergibt sich vor allem, daß keineswegs ein Gefälle von der Solidität des Begriffs zur Überspannung und Fiktionalität der Idee besteht, sondern umgekehrt gerade die Idee der Freiheit das Verfahren der Unterscheidung von Erscheinung und Ding an sich bei der theoretischen Vernunft erst recht bestätigt und positiv zur Gewißheit bringt. *Zwar* hätte die Idee (der Freiheit) für sich genommen nicht entstehen und Bestand haben können ohne die transzendentale Entdeckung der theoretischen Vernunft – sie hätte weder Platz noch Luft zum Existieren gehabt. *Aber auch die Idee kann nicht das Primäre sein*, die solide Arbeit der Begrifflichkeit kann nicht ausgespart und übersprungen werden. Wie man auch immer zu Kants Resultaten und systematischen Einteilungen steht, diese Errungenschaft läßt sich ihm nicht leicht wieder abjagen.

Aber auch in der Ebene des Begriffs selbst kann die *Solidität nicht am Anfang* stehen. Viele Leser von Kants

»Kritik der reinen Vernunft« schätzen es gering ein, daß die Haupteinteilung des Werkes nicht den großen Gliederungen entspricht, die sich in seiner Wirkung abzeichnen: nicht die Analytik und die Dialektik sind die Hauptteile, nicht einmal die Ästhetik und die Logik die große Dichotomie, sondern die lakonische Haupteinteilung ist die in Elementarlehre und Methodenlehre. Bis zur Methodenlehre liest kaum einer, und wer es tut, hat so große Leistungen des Verstehens hinter sich, daß er nun für das Methodische kaum noch etwas übrig hat und es geringzuschätzen geneigt ist. Ich kann mich nicht erinnern, gehört oder gelesen zu haben, daß jemals ein Seminar über die transzendentale Methodenlehre abgehalten worden wäre. Gerade das aber müßte äußerst wünschenswert sein.

Eine Methodenlehre beschreibt die Schritte auf einem Wege nach einer Regel. Insoweit kann sie strikt begrifflich vorgehen. Aber die Vorstellung des Weges ist bezogen auf eine Totalität, die sich schwerlich anders als metaphorisch angeben läßt: der Weg führt durch eine Landschaft, er umgeht oder überbrückt Hindernisse, im günstigen Falle hat er sogar ein Ziel, statt zum Ausgangspunkt zurückzuführen. In der Metaphorik des Weges ist sehr vieles von dem gesagt worden, was über die Handlung der Erkenntnis und ihre Chancen auf Erfolg bedacht, aber ungern in der Direktheit einer Behauptung ausgesprochen worden ist. Kant zieht es vor, dem Leser von der Totalität seines Vorhabens eine Anschauung durch die *Metapher des Hausbaus* zu vermitteln – man könnte viel darüber sagen, weshalb Kant diese konstruktive, von den Bedingungen der Natur stärker abgelöste Metaphorik der des Weges vorgezogen hat.

Kant schreibt: »Wenn ich den Inbegriff aller Erkenntnis der reinen und spekulativen Vernunft wie ein Gebäude ansehe, dazu wir wenigstens die Idee in uns haben, so kann ich sagen, wir haben in der transzendentalen Elementarlehre den Bauzeug überschlagen und bestimmt, zu welchem Gebäude, von welcher Höhe und Festigkeit er zulange. Freilich fand es sich, daß, ob wir zwar einen Turm im Sinne hatten, der bis an den Himmel reichen sollte, der Vorrat der Materialien doch nur zu einem Wohnhause zureichte, welches zu unseren Geschäften auf der Ebene der Erfahrung gerade geräumig und hoch genug war, sie zu übersehen, daß aber jene kühne Unternehmung aus Mangel an Stoff fehlschlagen mußte, ohne einmal auf die Sprachverwirrung zu rechnen, welche die Arbeiter über den Plan unvermeidlich entzweien und sie in alle Welt zerstreuen mußte, um sich, ein jeder nach seinem Entwurfe, besonders anzubauen.« (A707, B735)

Es wird sofort erkennbar, daß Kant die Metaphorik des Bauens schon deshalb bevorzugt, weil sie ihm erlaubt, eine Beziehung herzustellen zwischen dem Scheitern der traditionellen Metaphysik und der biblischen Geschichte von der Sprachverwirrung beim babylonischen Turmbau. Bezeichnend ist aber, daß Kant nicht ausdrücklich den Hochmut und blasphemischen Trotz als das ins Feld führt, was die Turmbauer scheitern läßt; sie scheitern vielmehr an ihren technischen Voraussetzungen, und auch nicht an denen des konstruktiven Entwurfes, sondern an der Unzulänglichkeit ihres Baumaterials. *Diese Unzulänglichkeit aber ist konstitutiv.* Sie läßt sich offenbar nicht beheben. Und das ist der Grund, weshalb die Alternative des Wohnhauses als des zu Geschäften auf der ›Ebene‹ (zu der Erfahrung) zureichenden Refugiums ergriffen wird. Die Sprachverwirrung erscheint eher als die Folge des Scheiterns am Turmbau denn als dessen Ursache. Sie ist das Kennzeichen der Zerstreuung, der Isolation der Systeme.

Mit dem Gleichnis will Kant aber auch das Verhältnis der Methodenlehre zur Elementarlehre darstellen. Die Elementarlehre heißt im strikten Sinne so, weil sie die

Elemente, also die Materialien, zu dem Gebäude liefert. Kant fährt fort: »Jetzt ist es uns nicht sowohl um die Materialien, als vielmehr um den Plan zu tun, und indem wir gewarnet sind, es nicht auf einen beliebigen blinden Entwurf, der vielleicht unser ganzes Vermögen übersteigen könnte, zu wagen, gleichwohl doch von der Errichtung eines festen Wohnsitzes nicht wohl abstehen können, den Anschlag zu einem Gebäude im Verhältnis auf den Vorrat, der uns gegeben und zugleich unserem Bedürfnis angemessen ist, zu machen. – Ich verstehe also unter der transzendentalen Methodenlehre die Bestimmung der formalen Bedingungen eines vollständigen Systems der reinen Vernunft.«

Indem Kant die Methodenlehre an das Ende seines Hauptwerkes stellte, gab er ein deutliches Zeichen gegen die Sucht in der deutschen Schulphilosophie der Prägung Christian Wolffs und wieder der heutigen, mit dem Philosophieren nicht eher zu beginnen, ehe nicht alle Methodenfragen geklärt und alle Begriffe definiert wären. Das bestechende Vorbild der Mathematik hat hier immer wieder zwar nicht die philosophischen Sitten verdorben (denn in der Tat wäre nichts dringender zu wünschen, als alle Vorfragen geklärt zu haben, wenn es an die Hauptsache geht) als vielmehr dem philosophischen Denken die Atemluft genommen.

Für Kant kann die *Mathematik nicht das Vorbild der Begriffsbildung* aller Arten von strengem Denken sein, weil in der Mathematik zwar die Begriffe am Anfang stehen, dafür aber auch frei gebildet und in der Anschauung konstruiert werden können. Man kann sich daher leicht auf solche Begriffe einigen, sofern ihre Widerspruchsfreiheit geklärt werden kann (etwa der Begriff des größten Kreises, der längsten Strecke). Die mathematischen Begriffe sind für Kant nicht analytisch; ehe sie nicht in der Anschauung realisiert sind, läßt sich aus der Regel, die sie für die Konstruktion angeben, nur sehr wenig folgern: aus dem Begriff des Kreises läßt sich nicht folgern, daß alle Punkte, die von einem gegebenen Punkt gleich weit entfernt sind, auf diesem Kreis (oder dreidimensional betrachtet auf einer Kugelfläche) liegen müssen. Der mathematische Begriff ist insofern das genaue *Gegenteil des Gottesbegriffs* der traditionellen Metaphysik, aus welchem *alles* gefolgert werden konnte, nämlich nicht nur alle Attribute, sondern auch die Existenz selbst. Diese Gipfelleistung des Begriffs faszinierte noch Hegel so sehr, daß er den ontologischen Gottesbeweis gegen die Kritik Kants zu retten und wieder herzustellen suchte: er war für ihn das reinblütige Modell aller Leistungen des Begriffs und ihrer Geschichte.

Für Kant ist der Begriff Bauzeug, ein Werkzeug. Man muß im Laufe der Arbeit sehen, wie man das Werkzeug der Aufgabe entsprechend verändert und immer genauer anpaßt. Es gibt daher in der Philosophie keinen Anlaß und keine Möglichkeit, es der Mathematik darin nachzutun, in allem die Definition der Begriffe vorauszuschicken, es sei denn zur Probe und versuchsweise. »Die Philosophie wimmelt von fehlerhaften Definitionen, vornehmlich solchen, die zwar wirklich Elemente zur Definition, aber noch nicht vollständig enthalten. Würde man nun eher gar nichts mit einem Begriffe anfangen können, als bis man ihn definiert hätte, so würde es gar schlecht mit allem Philosophieren stehen.« (Werke Cassirer III 495A) In der Philosophie müssen Annäherungen an die Definition der Begriffe, auch solche im Prozeß der Geschichte, als durchaus nützlich angesehen werden. Kant sagt das mit dem lakonischen Satz: »In der Mathematik gehören die Definitionen *ad esse*, in der Philosophie *ad melius esse*. Es ist schön, aber oft sehr schwer, dazu zu gelangen. Noch suchen die Juristen eine Definition zu ihrem Begriffe vom Recht.«

Ergebnis ist, daß »in der Philosophie die Definition als abgemessene Deutlichkeit das Werk eher schließen als anfangen müsse.« Wenn das aber so ist, fragt man sich, mit welchen Mitteln denn – sofern noch nicht mit den des abgeklärten Begriffs – der Weg dieser Verdeutlichung zurückgelegt werden kann. Man kann das auch so sagen: *zugunsten des Begriffs muß es ein Vorfeld der Unbegreiflichkeit geben,* auch wenn man geneigt sein sollte, unter den Kriterien des möglichen vollendeten Begriffs dieses Vorfeld geringschätzig zu durchqueren und im Zustand der Vollendung ganz und gar vergessen zu machen.

Die Unbegrifflichkeit im Dienst des Begriffs – das wäre die eine Möglichkeit, die Beschäftigung mit diesem Thema als bloße philosophische Hilfswissenschaft mit Freundlichkeit zu betrachten. Aber eine ernstere Situation noch muß ins Auge gefaßt werden, nämlich die, daß die Arbeit im Vorfeld des Begriffs *nicht zu ihrem Ziel gelangt*, entweder de facto oder sogar aus der Notwendigkeit der Sache heraus. Wenn aus der Notwendigkeit der Sache heraus, dann im Zusammenhang mit der Angewiesenheit des Begriffs auf Anschauung und der Verfehlung dieser Bedingung bei der *Idee.*

Die Sehnsucht nach sprachlicher Eindeutigkeit, nach der Etablierung von *Orthosprachen*, wird als Utopie so wenig verschwinden wie die des Esperanto. Sie ist definiert durch das Verlangen, die eindeutige Zuordnung von Begriff und Sprachmittel an den Anfang jeder diskursiven Handlung, jeder internen oder externen Erörterung zu stellen. Sie ist entweder an das Ideal der Mathematik gebunden, durch ein konstruktives Instrumentarium alle widerspruchsfreien Möglichkeiten so weit abzudecken, daß dem ungeordneten Schwall der Erfahrung und der faktischen Situation gefaßt entgegengesehen werden kann – oder sie ist von dem phänomenologischen Typus, der die Strenge einer fundamentalen Wissenschaft darin sieht, die reinen Anschauungen der Sachverhalte, wie sie an sich selbst sind, herbeizuführen und diesen reinen, eidetischen, phänomenologischen Anschauungen dann ein Begriffssystem zuzuordnen (hier wird also nicht primär definiert, gewissermaßen ins Blaue hinein, um auf alles gerüstet zu sein, sondern angeschaut, um nur das in die begriffliche Fassung zu bringen was ›Wesen‹ hat oder ist). Kant darf jedenfalls dem mathematischen Ideal keineswegs zugeordnet werden: »Die Gründlichkeit der Mathematik beruht auf Definitionen, Axiomen, Demonstrationen. Ich werde mich damit begnügen zu zeigen, daß keines dieser Stücke in dem Sinne, darin sie der Mathematiker nimmt, von der Philosophie könne geleistet, noch nachgeahmet werden...« (III 493)

Fast zehn Jahre nach der »Kritik der reinen Vernunft« ist Kant auf das Problem der Substitutionsbedürftigkeit des Begriffs zurückgekommen in der »Kritik der Urteilskraft«, deren § 59 die Überschrift trägt »Von der Schönheit als Symbol der Sittlichkeit«. Hier wie immer geht Kant davon aus, daß die »Realität unserer Begriffe« – was bei ihm heißt: die Beziehung der Begriffe auf Sachverhalte – in der Anschauung besteht, oder noch genauer in der Sprache Kants: »Anschauungen erfordert«. Der einfachste Fall dieser Realisierung des Begriffs ist das Vorzeigen. Wenn ich jemand frage: Was ist Geld?, so ist für ihn das einfachste Verfahren, mir zu antworten, daß er in die Tasche greift und mir eine Münze oder einen Geldschein vor die Nase hält.
Aber man kann leicht sehen, daß dieses Verfahren nur sehr ungenau auf meine Frage reagiert. Es schiebt mir die weitere Arbeit zu. Indem mir ein einzelnes Geldstück gezeigt wird, werde ich daran erinnert, daß ich mehr über Geld weiß als durch die einzelne empirische Anschauung vermittelt werden kann. In gewisser Hinsicht ist dies das Verfahren des Sokrates mit dem Sklaven im »Menon«, das dort zum Beweis der *Erinnerung an Ideen* vorgeführt wird. Dieses Verfahren kann als *exemplarische Methode* beschrieben werden. Ein einzelnes Exemplar einer bestimmten Klasse von Gegenständen wird vorgeführt, nicht weil es selbst den Begriff abzulesen gestattet, sondern weil es an ihn erinnert oder auf ihn verweist. Einem Menschen, der nicht die geringste Ahnung von der Funktion des Geldes hätte, wäre nicht im geringsten damit geholfen, wenn man ihm als Antwort auf seine Frage, was eigentlich der Ausdruck ›Geld‹ bedeute, eine Münze oder einen Schein vor die Nase halten würde. Demjenigen jedoch, der weiß, was Geld ist und wie Geld funktioniert, würde man einen ausreichenden Dienst tun, wenn man ihm bei der Frage nach der Bedeutung des lateinischen

Ausdrucks ›moneta‹ eben eine beliebige Münze einer beliebigen Währung hinhielte. Diese Münze würde wie ein Auslöser auf einen ganzen Komplex vertrauter Kenntnisse und Reaktionsweisen wirken und völlig genügen, um fortan den Umgang mit diesem Ausdruck zu regulieren. Man denke an die Situation, daß dem derart Unterwiesenen zu nächtlicher Stunde in einer dunklen Gasse ein Mann mit drohender Gebärde und dem Ausruf »moneta!« entgegentritt – er wird wissen, was er zu tun hat, wenn ihm sein Leben oder seine Unversehrtheit lieb ist.
Deshalb sagt Kant, daß die Art von Anschauungen, die für die Realität empirischer Begriffe erforderlich ist, ›Beispiele‹ heißt. *Kein empirischer Gegenstand* vertritt die Anschauung, die seinem Begriff zugrunde liegt, für sich allein und zureichend, aber doch so, daß er zur Realität des Begriffs, zur Herstellung seines gegenständlichen Bezuges, verhilft. Es ist in diesem Beispiel sehr die Frage, ob die Anschauung im Dienst des Begriffs oder der Begriff im Dienst der Anschauung steht. Genügt es, sich eines Beispiels zu bedienen, um fortan mit dem Begriff frei schalten und walten zu können, oder ist die Heranziehung des Beispiels zur *Klärung des Begriffs nur der erste Schritt*, um fortan die Sphäre der Beispiele so abzugrenzen und anzureichern, daß in diesem gegenständlichen Umgang der Begriff gewissermaßen *nur noch Hilfsorgan* ist, im Grunde schon ausgedient hat, weil man sich bei der Sache selbst aufhält und in ihrem Gebrauch oder Genuß aufgeht. Der Begriff verhielte sich dann zum Gegenstand wie die Möglichkeit zur Wirklichkeit. Gleichzeitig zeigt das Beispiel aber auch, daß es *demonstrative Definitionen* im strengen Sinne *nicht gibt*: Kein Zeigen auf irgend etwas kann je die befriedigende Antwort auf die Frage sein, *was* etwas sei, das ich mit seinem Begriff einführe.
Um die Korrelativität von Begriff und Anschauung in ihrer ganzen Strenge durchzuhalten, müssen selbst die

reinen Verstandesbegriffe *ihre* Art von Anschauung, notwendigerweise also eine nicht empirische Anschauung, besitzen. Es ist das, was in der »Kritik der reinen Vernunft« Schematisierung und *Schematismus* genannt wird. Denn es gibt so, wie es *reine* Begriffe gibt (also solche, die nicht *aus* dem empirischen Material gebildet werden), auch *reine* Anschauungen, die es überhaupt ermöglichen, mathematische Gegenstände und synthetische Urteile a priori zu haben. Da die Formen des inneren und äußeren Sinnes, Zeit und Raum, apriorisch sind und dabei ein Fundierungsverhältnis besteht, welches die größere Allgemeinheit des inneren Sinnes gegenüber dem äußeren als Begründungsverhältnis nimmt, liegt es nahe, die Form der Zeit zu derjenigen Anschauung zu machen, durch die alle reinen Verstandesbegriffe ihre »Realität« gewinnen.

Viel schwieriger liegt diese ganze Problematik bei den Begriffen, die von der Vernunft hervorgebracht werden und mit deren Hilfe sie ihre Forderungen an den Verstand als das Organ der Begriffe *für* Erfahrung und *aus* Erfahrung richtet (also der Kategorien und der empirischen Begriffe). Diese Begriffe der Vernunft werden bei Kant *Ideen* genannt. Auch für sie einen nachweisbaren Gegenstandsbezug zu fordern, also ihre »objektive Realität« in theoretischer Funktion nachzuweisen, hieße nach Kant, etwas Unmögliches zu begehren, »weil ihnen schlechterdings keine Anschauung angemessen gegeben werden kann«. Es ist unmöglich, für den Begriff ›Welt‹ eine Anschauung bereitzustellen, sei es auch nur die eines Beispiels – schon deshalb, weil es ›Welt‹ trotz des hyperbolischen Sprachgebrauchs nicht im Plural geben kann, es also unmöglich ist, eine Welt als Beispiel für die im Begriff Welt gemeinte Anschauung vorzuweisen. Hier handelt es sich um Begriffe, deren Realität nur im *Prozeß* der Vernunft selbst begründet sein kann, wenn sie überhaupt eine solche beanspruchen können.

Ausdrücke, die weder durch Zeigen noch durch Ersetzungsregeln definiert werden können, haben naturgemäß eine große Variationsbreite ihrer Bestimmtheit in individuellen und sozialen Kontexten. In dem Minimum an standardisierter Bestimmtheit und dem Maximum an zusätzlicher Bestimmbarkeit liegt ihre Disposition dafür, imaginatives und wertendes Material an sich zu ziehen und erst dadurch sich zu spezifizieren. Darauf beruht auch die ganz besondere Geschichtsfähigkeit von *Symbolen,* daß sie für sich und zunächst *nichts* bedeuten, aber gerade dadurch Bedeutung anzunehmen imstande sind. Darin liegt etwas Gemeinsames mit den Ideen, durch keine abgeschlossene oder abschließbare Erfahrung *exemplarisch* versinnlicht werden zu können. Sie ziehen zwar Erfahrung an sich und bestimmen sogar die Richtung, in der dies geschieht, aber das vermehrt nur ihre Vieldeutigkeit und setzt sie dadurch in Gegensatz zu der in jeder Begriffsbildung angelegten Nötigung zur Eindeutigkeit. Wenn der Inbegriff der Leistungen der Begriffsbildung, also aller Regeln für die Einheit von Vorstellungen als vorgestellter Vorstellungen, mit dem Titel ›*Verstand*‹ bezeichnet wird, dann ist ein System von Regeln, welches seinerseits die Bildung von Regeln für Vorstellungen beherrscht, durch den Titel ›*Vernunft*‹ unterscheidbar als Inbegriff unüberbietbarer, weil jeweils die Totalität implizierender Regeln. Für die Vernunft kann und darf nichts Neues auftreten oder hinzukommen: der Plural von Welten ist immer etwas für die Vernunft Bedrohliches gewesen, und der junge Kant hat daher diesen Plural entschärft, indem er in seinem kosmogonischen Frühwerk von einer ›Welt von Welten‹ gesprochen und damit die alte Singularität wiederhergestellt hat. Man kann leicht zeigen, daß diese Wiederherstellung seit der antiken Atomistik und seit dem mittelalterlichen Nominalismus immer wieder die dringendste Funktion der Vernunft in ihrer Selbsterhaltung und als eines Organs der Selbsterhaltung gewesen ist. Die Metaphorik, die in den Unbestimmtheitsraum der Idee ›Welt‹ eindringt, kann fast jede Vieldeutigkeit herstellen, wenn sie nur nicht die Einheit dessen, was damit bezeichnet ist, gefährdet. Hier geht es, wie beim Zeitbegriff, um die Problematik der Identität, und nichts ist gefährlicher – in jedem Sinne, bis hin zum Psychopathologischen – als diese Identität fraglich zu machen. Darauf auch beruht, daß die *reinen* Verstandesbegriffe bei Kant nur durch *eine* Versinnlichung schematisiert werden können, deren eigene Form die der absoluten Identität und Einheit ist, logisch gar nicht anders gedacht werden kann: nämlich die Zeit.

Wichtig ist nun: so wie Kant den Begriff des Schemas für die korrelative Anschaulichkeit der reinen Verstandesbegriffe verwendet, verwendet er den Begriff des *Symbols* für die Anschaulichkeit der reinen Vernunftbegriffe, der Ideen. Die Symbolisierung ist der Schematisierung analog gebaut, weil man, nach Kants Voraussetzung, den Zusammenhang der Idee mit der Anschauung an sich selbst gar nicht analysieren kann. Die Darstellung eines reinen Vernunftbegriffes als Versinnlichung ist »symbolisch, da einem Begriffe, den nur die Vernunft denken, und dem keine sinnliche Anschauung angemessen sein kann, eine solche unterlegt wird, mit welcher das Verfahren der Urteilskraft demjenigen, was sie im Schematisieren beobachtet, bloß analogisch, d. i. mit ihm bloß der Regel dieses Verfahrens, nicht der Anschauung selbst, mithin bloß der *Form der Reflexion,* nicht dem *Inhalte* nach, übereinkommt.« Das Symbol ist nicht nur ein sinnliches Zeichen für einen Begriff, was Kant den »neuern Logikern« in ihrem Gebrauch des Ausdrucks symbolisch unterstellt, was er aber »*bloße Charakterismen*« genannt wissen will: Worte, algebraische, selbst mimische Zeichen, bloße Ausdrücke für Begriffe, anstelle deren Formalismen einsetzbar.

Kants Beispiel ist nicht die Welt, sondern der Staat: »So wird ein monarchischer Staat durch einen beseelten Körper, wenn er nach inneren Volksgesetzen, durch eine bloße Maschine aber (wie etwa eine Handmühle) wenn er durch einen einzelnen absoluten Willen beherrscht wird, in beiden Fällen aber nur symbolisch vorgestellt.« Man sieht leicht, daß der Ausdruck ›symbolisch‹ bei Kant nichts anderes bedeutet als ›metaphorisch‹, freilich mit der Verschärfung in Richtung auf die *absolute* Metapher. Kant begründet das Verfahren für den Fall des Staates folgendermaßen: »Denn zwischen einem despotischen Staate und einer Handmühle ist zwar keine Ähnlichkeit, wohl aber zwischen der Regel, über beide und ihre Kausalität zu reflektieren.« Das symbolische Verfahren, wie Kant es nennt, besteht also darin, für einen Begriff eine Anschauung einzuführen, die als solche nicht zum Beispiel dienen kann, die aber gestattet, »die bloße Regel der Reflexion über jene Anschauung auf einen ganz andern Gegenstand, von dem der erstere nur das Symbol ist, anzuwenden«.

Unsere Sprache, so sagt Kant, sei voll von dergleichen »indirekten Darstellungen, nach einer Analogie, wodurch der Ausdruck nicht das eigentliche Schema für den Begriff, sondern bloß ein Symbol für die Reflexion enthält«. Das Verfahren besteht also in der ›Übertragung‹ der Reflexion über einen Gegenstand der Anschauung auf einen primären Begriff, ›dem vielleicht nie eine Anschauung direkt korrespondieren kann‹. An dieser Stelle sagt Kant auch, wie er über die Aufgabe einer Metaphorologie denken würde, ohne den Namen zu gebrauchen: »Dies Geschäft ist bis jetzt noch wenig auseinander gesetzt worden, so sehr es auch eine tiefere Untersuchung verdient; allein hier ist nicht der Ort, sich dabei aufzuhalten.«

Die Idee gibt nicht eine Bestimmung von Gegenständen, sondern unseres Verhaltens zu Gegenständen. Deshalb sagt Kant, daß »alle unsere Erkenntnis von *Gott* bloß symbolisch« sei, wodurch sowohl die Hypertrophie aller Anthropomorphismen als auch die Begriffsspekulation aller Deismen ausgeschlossen werde, welche beide gar keine Erkenntnis, auch nicht eine in praktischer Absicht, zuließen. Ein »Gegenstand« also, der durch seinen Begriff durchaus nicht bestimmt werden kann, wird dennoch als Inbegriff von Beeinflussungen unseres praktischen Verhaltens ›dargestellt‹. Schließlich sagt Kant, das Schöne sei das Symbol des Sittlichguten. Was heißt das? *Das Schöne* als das, was gefällt, scheint primär der bloßen Subjektivität zu unterliegen. Aber die Zustimmung, die ihm derart zuteil wird, beansprucht ihrerseits die Zustimmung aller anderen, und der Grund dafür ist, daß sie sich keines *beschränkten Interesses* bewußt ist – auch nicht des Interesses am eigenen Genuß, da der ästhetische Genuß prinzipiell beliebig teilbar ist, ohne sich dadurch zu mindern, damit aber auch diese Mitteilung im Prinzip beansprucht. Die naive Reaktion, die der Karikatur fähig geworden ist, angesichts eines ästhetischen Gebildes in Ausrufe des Entzückens auszubrechen, die vorzugsweise die Frageform haben (etwa: Ist das nicht wunderbar?) – dieser alltägliche Befund bestätigt, daß das Geschmacksurteil nicht zufällig und nebenher *Urteil für andere* ist, sondern dies konstitutiv, weil intersubjektive Zustimmung heischend. Diese unmittelbare Nötigung des ästhetischen Gegenstands, in der sinnlichen Rezeption nicht aufzugehen, wird nun von Kant als Ausdruck für eine tiefere Wurzel gedeutet, in der das theoretische und das praktische Vermögen »auf gemeinschaftliche und *unbekannte Art* zur Einheit verbunden« sind. Die Unmittelbarkeit der Zustimmung, die der ästhetische Gegenstand ohne Appell an das Eigeninteresse fordert, und die Freiheit der Einbildungskraft ohne Beliebigkeit, die er gewährt, bestimmen die durch Reflexion auffindbare Anwendbarkeit auf die praktische

Vernunft. Kant schließt diese Erwägung mit dem Satz: »Der Geschmack macht gleichsam den Übergang vom Sinnenreiz zum habituellen moralischen Interesse, ohne einen zu gewaltsamen Sprung, möglich, indem er die Einbildungskraft auch in ihrer Freiheit als zweckmäßig für den Verstand bestimmbar vorstellt, und sogar an Gegenständen der Sinne auch ohne Sinnenreiz ein freies Wohlgefallen finden lehrt.«

Die Rechtfertigung dafür, in Kants symbolischer Versinnlichung die traditionelle Metapher wiederzufinden, läßt sich philologisch am einfachsten darin finden, daß zumindest eines seiner Beispiele aus Quintilians Rhetorik stammt und dort Beispiel für die Metapher ist: wenn wir »Gefilde lachend und fröhlich« finden und darin nach Kant »etwas mit dem Bewußtsein eines durch moralische Urteile bewirkten Gemütszustandes Analogisches enthalten« sei, so ist Quintilians *pratum ridet* leicht wiederzuerkennen. Aber das Lachen einer Wiese oder eines Gefildes ist etwas anderes als das Lachen des Weltgeistes, und es ist gar nicht so leicht zu beschreiben, worin die Differenz besteht. Dieser Versuch aber muß gemacht werden, wenn gezeigt werden soll, daß die Metapher mehr zu leisten vermag als die Umschreibung eines äquivalent bestimmbaren Sachverhalts, wie es die lachende Wiese ist.

Was ist eine Metapher? Zunächst ist sie, in einem Text gegeben, eine Störung des Zusammenhanges, der Homogeneität, die das Herunterlesen des Textes ermöglicht. Die Metapher blockiert die Flüssigkeit der Rezeption des Textes. Auf höherer linguistischer Sprachebene wird das so ausgedrückt: »Die Metapher ist eine Form von semantischer Anomalie. Semantische Anomalie entsteht, wo ein Lexem gegen die Regeln seines möglichen Gebrauchs verwendet wird... Die semantische Anomalie ist Funktion eines Kontextes, der es erst erlaubt, sie als solche zu situieren.« (K.H. Stierle) Oder eine andere linguistische Definition: eine Metapher ist »ein Wort in einem Kontext, durch den es so determiniert wird, daß es etwas anderes meint, als es bedeutet.« (H. Weinrich) Bei dieser Definition könnte man fragen, ob es nicht statt ›determiniert‹ heißen müßte ›entdeterminiert‹. Zweifellos nutzt die Metapher im Kontext eine Stelle schwacher Determination aus, um sich anstelle dessen zu setzen, was der im Kontext implizierten Erwartung genügen würde. Die Erwartung kann nur durchbrochen werden, weil die Determination des Kontextes schwach genug ist. In einem Gesetzestext etwa, der sich durch starke Determination auszeichnet oder zumindest auszeichnen sollte, wird die Metapher unmöglich.

Nun kann man leicht sehen, daß bestimmte Ausdrücke sich dadurch auszeichnen (oder auch dadurch disqualifizieren, wie man es nimmt), daß sie eine besonders schwache Kontextdetermination erzeugen – anders ausgedrückt: die Erwartung des Lesers oder Hörers fast völlig im Stich lassen. Beginne ich einen Satz mit dem Namen Sokrates, so erfolgt schon dadurch ein weiträumiger Ausschluß von möglichen Prädikaten, was sich noch dadurch fördern läßt, daß ich nähere Zeit- und Situationsbestimmungen hinzufüge, wie »der junge Sokrates« oder »Sokrates im Kerker« oder »der platonische Sokrates«. Beginne ich aber einen Satz mit dem Ausdruck »Die Geschichte«, so ist der Hörer/der Leser auf alles gefaßt, fast so, als hätte ich ihn begonnen mit dem Ausdruck »Das Sein«. Wenn das so ist, dann lassen sich ›Ideen‹, also reine Vernunftbegriffe, hinsichtlich ihrer Stellung in theoretischen Kontexten beschreiben als extrem schwache Determinanten, die die »Leerstellen für Besetzbarkeiten« hinsichtlich fast aller Präformationen im Stich lassen.

Lese ich in Hebbels Tagebüchern (V 325): »Die Geschichte ist eine Mühle...«, so ist der Mangel an Präformation, die Ratlosigkeit des Lesers angesichts der Äquivalenz, noch größer als in Kants Vergleich des despotischen Staates mit einer Handmühle (die auf der einen Seite besonders energisch festgehalten werden muß, damit auf der anderen an ihr gedreht werden kann und das Mahlgut mit genügender Feinheit herausfällt). Dennoch ist in beiden Fällen die Determination weniger eng, als wenn jemand von seinen Erfahrungen mit der Bürokratie berichtet, indem er sie als eine Mühle bezeichnet.

In dem Satz »Die Geschichte ist eine Mühle« hat sich das Determinationsverhältnis eher umgekehrt: das Prädikat ›die Mühle‹ determiniert nachträglich und rückwirkend das Subjekt ›die Geschichte‹, weil dieses in seiner eigenen Determinationskraft so schwach ist, daß es eher der Determination als völlig ausgeliefert erscheint. Was kann man schon sagen, wenn man beginnt ›die Geschichte‹? Erst die Entfaltung der Metapher zum Gleichnis, zur erweiterten Metapher, macht diesen Sachverhalt vollends deutlich. Ich zitiere Hebbel zu Ende: »Die Geschichte ist eine Mühle, worin die Lebendigen zu arbeiten glauben, die Geister aber die Arbeit verrichten. Wie sich die übermütigen Zwerge, die im Sonnenschein herumhüpfen, auch anstrengen mögen, die toten Riesen, die aus der Ewigkeit in unermeßlichem Zug hervorschreiten, machen sie zu unnützen Knechten und schauen mitleidig auf ihr Gezappel herab.«

Nimmt man Hebbels Gleichnis als Anweisung für einen Historiker, der seine theoretischen Gegenstände nach dem Leitfaden dieses Gleichnisses aufzusuchen und zu untersuchen hätte, so muß man das Ganze als bedeutungslos beiseite legen. Es ist der Entwurf von jemand, der entweder mehr wissen will oder mehr zu wissen vorgibt. Der Text von Hebbel zeigt auch, daß die mit einer Idee (in diesem Fall ›Geschichte‹) verbundene Metapher, gerade weil sie sich von der Bestimmtheit einer theoretisch anmutenden Behauptung zurückhält, einen hohen Grad von Anmaßung, von vorgegebener Einsicht, von Hochstapelei enthält. Gottfried Benn hat einmal von »metaphorischer Aufschneiderei« gesprochen (Werke I 73) – es ist nur die Frage, welche Nötigung darin steckt.

Die Metapher kann das Maß an Aufschneiderei, das in ihr steckt, selbst mit ansichtig machen, indem sie ihrerseits übertreibt, erkennbar übertreibt, die Unzulänglichkeit der Versinnlichung mit anschaulich macht. Ich gebe ein Beispiel aus dem bedeutenden Buch von Otto Liebmann »Die Klimax der Theorien« (Straßburg 1884, 46 f.). Liebmann spricht von der Härte der *Grenzfragen*, die uns die Erklärung der Natur stellt, die Unfaßlichkeit eines Prozesses ohne Anfang und Ende, die Unentscheidbarkeit des Widerstreits zwischen Mechanismus und Teleologie, Panpsychismus und Physikalismus, mit den Fragen, die sich aus der erkenntnistheoretischen Vermittlung von Subjekt und Objekt, von Idealismus und Realismus ergeben. Er schließt diese Aufzählung der Grenzfragen mit dem Fazit: »So stünden wir denn mitten im Wirrsal der Metaphysik mit ihren ungeheuren Welträtseln und Weltantinomien. Wir tasten nach dem ›Nagel, an dem das Universum hängt‹, und fragen nach der Mauer, in der er befestigt ist.« Die Metapher ist, im Vergleich zu Hebbel, dürftig und unvollziehbar, aber gerade darin scheint sie sich selbst ironisch zu nehmen hinsichtlich der *Unbe-*

setzbarkeit des Unbesetzten. Man muß sich vorstellen, was für den Leser geschehen wäre, wenn Hebbels Eintragung nach dem Satz »Die Geschichte ist eine Mühle« zu Ende wäre. Die ganze Leistung läge in der Rezeption, die Herausforderung zu einem Gleichnis, zur Ausschöpfung des Potentials an Reflexion. Aber möglich erscheint durchaus, daß der Leser dies schafft und vielleicht in jeweils anderer Richtung, als es der Verfasser mit der überraschenden Einführung von Geistern in der Mühle tut. *Man möchte fast sagen, die Metapher sei besser als das aus ihr entwickelte Gleichnis.*

Betrachtet man dagegen das gewiß großartige Schlußbild bei Liebmann, so ist es nicht nur ironisch, sondern auch arm an Potentialität. Es erscheint schwer, wenn nicht unmöglich, daraus ein Gleichnis herauszuziehen. Aber vielleicht ist es nicht zu viel behauptet, wenn ich sage, dies könnte das *Relikt eines Mythos* sein, also einer Geschichte mit namentlich benannten Größen, in der nach der Vollziehbarkeit der Ereignisse nicht gefragt zu werden braucht, weil Götter und andere Mächte im Spiel sind. Man stelle sich folgenden Text vor: »Als es so weit war, die Welt aus dem Chaos zu machen, fehlte es an einer Vorrichtung, sie zu befestigen. Da baute der Gott X eine große Mauer aus mächtigen Quadern, damit ihm die Bewohner der Welt später nicht in seine Geheimnisse gukken könnten, und an der Außenseite dieser Mauer schlug er einen riesigen geschmiedeten Nagel ein, so stark, daß an ihm die ganze Welt aufgehängt werden konnte. Nun war es eine Kleinigkeit, die Welt aus der plastischen Masse des Chaos herzustellen und an dem Nagel aufzuhängen, wo sie in der Sonne gründlich trocknen konnte...« Man stelle sich *die erste Allegorese* dieses Mythos vor, hergestellt von einem Anhänger Heraklits, der sagt, man könne noch heute das Schimmern des Nagels sehen, wenn man seinen Blick zur Milchstraße emporrichte...

Die Resistenz einer Metapher gegen ihre Auflösung in homogene, dem Kontext widerstandslos integrierte Aussagemittel hängt zwar auch von der Kühnheit der Metapher (wie Weinrich es genannt hat) ab, aber noch mehr von der Schwäche der Kontextdetermination, also in philosophischer Ausdrucksweise: von der Idealität des reinen Vernunftbegriffs, in dessen Prädikatensystem die Metapher auftritt. Ein Satz also, der mit dem Subjekt »Das Sein« beginnt, läßt nicht nur mit Sicherheit Metaphern erwarten, sondern auch solche, deren *Kontextresistenz unüberwindbar* erscheint. Solche Metaphern nennen wir *absolute Metaphern.*

Nun kann man diese Überlegung noch einen Schritt weiter treiben, indem man fragt, ob denn überhaupt ein Subjekt vom Typus der hochgradigen Abstrakta wie Sein, Welt, Geschichte usw., nötig sei, ob man nicht die Unbestimmtheit derart bis zum äußersten treiben könne, daß in der Ausdrucksschicht überhaupt *kein Subjekt mehr* vorhanden ist. Diese Überlegung ist deshalb wichtig, weil sie ein Indiz für die *Inkongruenz von Sprache und Begriff* ist. Diese Inkongruenz gestattet erst recht, die Funktion der Metapher einzuschätzen, weil diese, als Prädikat eines unbestimmten Subjekts auftretend, in die Funktion des Subjekts ›hineinwachsen‹ kann. Das gilt für die Geschichte solcher Begriffe wie Kosmos, Universum, Welt, Wahrheit usw.

Es ergibt sich also die Frage nach der Priorität von Vernunftbegriff oder Metapher, etwa in dem Sinne: muß ein bezeichenbarer Begriff wie ›Geschichte‹ *schon da* sein, um durch ihn im Kontext die schwache Determination für die Einsetzung von Metaphern allererst zu schaffen? Oder entsteht der kollektive Singular ›Geschichte‹, der erst im 18. Jahrhundert hervortritt, selbst schon als die Metapher für ein Ganzes, von dem nun unterstellt wird, daß es derart dargestellt werden kann, wie man Geschichten erzählt und versteht nach dem Kriterium dessen, was in ihnen vorkommen muß, um die Handlung zu begreifen (so daß der kollektive Singular *gar nicht kollektiv* wäre, also keineswegs aus der Zusammenfügung von Geschichten die Geschichte machte)? Es ist natürlich ganz unwahrscheinlich, daß es einen Geschichtsbegriff erst gibt, seit es dieses sprachliche Phänomen des kollektiven Singulars gibt. Ein solcher Begriff hat sich längst konstituiert, ehe er sich eines seiner metaphorischen Prädikate als den adäquaten Ausdruck annektiert, *aus den Historien*, die erzählt werden, *die Historie* macht, die in allen Erzählungen nicht mehr aufgeht, durch kein Erzählen vollends integriert und objektiviert werden kann.

Einen Satz wie »Es regnet« könnte man als sehr urtümliche Form der minimalen Determination ansehen, wie sich auch aus der leichten Metaphorisierbarkeit »Es hagelt Proteste« sehen kann. Wer ist es eigentlich, der da regnet? Man hat gesagt, dieses *Impersonale* bezeichne die Allgemeinheit der Situation, in der das spezielle Phänomen des Regens, des Blitzes und Donners, festgestellt werde. Daraus würde sich die Folgerung ergeben, daß bei allen Verben mit impersonaler Konstruktion das *Subjekt identisch wäre.* Aber da stellen sich sprachliche Hemmungen ein. Man kann zwar sagen »es regnete, es blitzte, es donnerte«, aber man wird zögern zu sagen »es regnete und blitzte und donnerte«.

Die *Kompetenz* für Regen scheint ein wenig verschoben gegenüber der von Donner und Blitz, die auch sprachlich zusammengehören und einem Subjekt zugeschrieben werden können. Entscheidend ist vor allem, daß die Unbestimmtheit des Subjekts in jenem Es das Gefühl vermittelt, keinen Adressaten zu haben für eine Beeinflussung, eine Einwirkung. Bei diesem sprachlichen Phänomen glaubt man sich unmittelbar vor der Nötigung zu sehen, die zur mythischen Namengebung geführt hat: wenn der

Regen eine lebensentscheidende Realität war, durfte man ihn nicht jenem kryptischen Es überlassen, sondern mußte ihn zu einer appellationsfähigen Instanz machen, die einen Namen hatte und eine Geschichte, aus der unter Umständen hervorging, wo die schwachen Stellen dieser Figur und damit ihre *Beeinflußbarkeit* lagen. *Die Unbestimmtheit führt also dort geradewegs in den Mythos, wo sie nicht hingenommen werden kann.* Genauso läßt sich aber auch denken, daß die Verlegenheit um einen Namen nicht so groß ist, wenn die Nötigung der Anrufung und des Rituals nicht besteht, und daß dann die Unbestimmtheit aufgewogen wird durch das Aufrücken metaphorisch bezeichneter Eigenschaften in die Subjektstelle. (»Es gibt Regen« – wer gibt Regen? Hat hier früher ein Göttername gestanden, wie von Sprachwissenschaftlern vermutet worden ist? Oder ist unsere Vermutung zutreffend, daß jenes Impersonale *vor der Trennung mythischer und metaphorischer Besetzung der Stelle unbestimmter Subjekte* steht? (Hermann Ammann, Zum deutschen Impersonale. In: Festschrift Edmund Husserl, Halle 1929, 7): »Ist es ein Rückstand uralter religiöser Anschauungen, ist Es an die Stelle eines Götternamens getreten? Der Gedanke ist alt, und auch für die subjektslosen Ausdrücke der alten Sprachen, vor allem des Lateinischen, hat man mit der ›Ellipse‹ eines Götternamens gerechnet. Es scheint mir aber undenkbar, daß die Römer, die doch die lebendige Anschauung des *Juppiter Pluvius* hatten, aus dem persönlichen *Juppiter pluit* ein neutrales *pluit* gemacht haben sollten. Eher ist das Umgekehrte richtig...« – »Das Es dagegen gibt sich als seiend nur in der Erscheinung und durch die Erscheinung kund, es ist das immanente Subjekt der Erscheinung.« (11) – »Dem kollektiven Phänomen wird so gleichsam ein einheitliches Subjekt untergeschoben, wie in der Fügung ›Es wimmelt‹.« (14) (»Es war einmal...«, »Es geht ihm besser« – in beiden Fällen handelt es sich

um *Unverfügbarkeiten,* sowohl wegen der Vergangenheit und *Undatierbarkeit* des Ereignisses als auch wegen der fatalistischen Hinnahme einer Besserung im Krankheitsfall.) »Das Es gehört gleichsam der vormagischen Stufe an, und gerade darum verstehen wir, daß es sich auch auf der nachmagischen Stufe, im Bereich klarer Geistigkeit, behauptet in Fällen, wo das ursprüngliche Gefühl des rettungslosen Preisgegebenseins sich geltend macht oder wo wir der *vis maior* ohne Möglichkeit der Einwirkung gegenüberstehen.« (16) – Wendungen wie »Es dämmert, es tagt, es dunkelt, es zieht sich zusammen, es bedeckt sich«: »In ihnen ist der Lebensraum selbst ... verlebendigt. Die in ihm sich vollziehenden Veränderungen erscheinen als seine eigenen Lebensvorgänge... – im wesentlichen ist es das immer gegenwärtige Antlitz der Welt, das hier als Subjekt zu denken ist.« (22)
Diese unbestimmte Allgemeinheit des Lebensraumes im weitesten Sinne, als Welt, nimmt am ehesten die metaphorischen Bestimmungen in sich auf, die sich mit einem elementaren *Mißtrauen oder Vertrauen* verbinden. Es war für die europäische Entwicklung von entscheidender Bedeutung, daß die Griechen an die Stelle des Welt-Subjekts ein Attribut aufrücken ließen, welches ihr ganzes Weltvertrauen enthielt und sich in dem Wort ›Kosmos‹ ausdrückte. Das Wort bezeichnet seiner Herkunft nach einen Schmuck, den Kopfputz einer Frau oder die Beschläge am Zaumzeug eines Pferdes. Als männlicher Schmuck scheint es vor allem das Rangabzeichen in militärischen Verbänden bedeutet zu haben, dann deren Ranggliederung und Kommandostruktur selbst, schließlich die sichtbare Aufmarschordnung des Heeres zur Schlacht. Unser *vokabelmäßiges* Erfassen von Wortbedeutungen läßt uns das zusammengefaßt als ›Ordnung‹ verstehen. Entscheidend ist nun aber, daß dieses einzelne Substantiv an die Stelle der Unfähigkeit der Griechen trat, die Gesamtheit

des Universums mit einem einzigen Ausdruck zu bezeichnen; am ehesten kam dieser Totalität der Ausdruck Uranos (gleich Himmel) nahe oder die Dualität *Himmel und Erde*. Eine rekonstruierte *Übergangsstufe* wäre ein Satz vom Typus »alles ist ein Kosmos« oder gar »es ist ein Kosmos«. Damit war nicht nur eine *Subjektbesetzung* gefunden, also nicht nur ein Name, sondern auch eine noch lange mitgehörte metaphorische Vorgabe. Wie abstrakt dieser Ausdruck von Welt schon früh verwendet worden ist, zeigt der berühmte und umstrittene *Satz des Heraklit*, die Wachenden hätten einen einzigen und gemeinsamen Kosmos, während im Schlaf sich jeder in seinen eigenen abwendet. (Diels, Fragment B 89) In diesem Satz ist die objektive Qualität der anschaulichen Welt gar nicht gemeint, sie kann da sein wie sie will, sondern nur die Zustandsbedingtheit des Wirklichkeitsbezuges auf eine Welt überhaupt. Deshalb konnte derselbe Heraklit den furchtbaren Satz über den Kosmos sagen, er sei ein Haufen von zufällig Hingeschüttetem. (Diels B 124) Die Neigung der Philosophen, ihr Publikum zu schockieren, gegen den Strich der vorgegebenen Bedeutungen zu formulieren, ist hier schon früh bemerkbar.
Welt selbst, in diesem abstrakten Sinne, wird zur Metapher, und zwar schon früh, nämlich dort, wo der Ausdruck Kosmos im Plural auftritt. Das ist in der Atomistik der Fall, die damit das kosmische Pathos noch einmal aufzuhalten versuchte, erfolglos gegen die Pythagoreer und erst recht erfolglos nach Plato. Daß der Mensch eine kleine Welt sei, ist bei Demokrit vielleicht die erste bewußte Kosmos-Metapher. Welt als Metapher, das wird in der europäischen Sprachtradition Legion. Die Gesamtheit der Ideen bei Plato ist ein *Kosmos Noetos*. Jedes Werk der Poesie sei »eine kleine Welt« – das ist ein hochromantischer Satz Friedrich Schlegels. (Werke II 327)
Als folgenreich hat sich die Möglichkeit erwiesen, von

›Welt‹ den *Plural* ›*Welten*‹ zu bilden – im Unterschied zu ›Sein‹, von dem sich kein Plural bilden ließ, wohl auch deshalb, weil es von dem spekulativen Typus ist, der keine Pluralbildung duldet. Der Streit um Vielheit und Einheit der Welten geht zunächst nur um die Alternative: mechanistische Zufälligkeit bei den Atomisten, die keine Singularität zulassen kann, einerseits, und metaphysische Auszeichnung des Kosmos als der einzigartigen Ordnung aller nur möglichen Dinge, die durch Vervielfältigung Einbrüche von Sinnlosigkeit hinnehmen müßte. Seit der christlichen Schöpfungslehre ist der Streit für die wirklichen Welten insofern entschieden, als der Plural auf keinen Fall mehr strikt genommen werden kann, denn sonst müßte es neben der geschaffenen Welt andere ungeschaffene oder von anderen Göttern geschaffene Welten geben; *für die möglichen Welten* wird allerdings der Plural nun immer wichtiger, indem das der Schöpfung zugrundeliegende Verfahren immer stärker begriffen wird als eine mehr oder weniger vollständige, schließlich immer weniger vollständige Auswahl aus den zu denkenden und gedachten Möglichkeiten. Schließlich ist das Mögliche allein noch das Unendliche, das Wirkliche die Kontingenz des Faktischen, die nur rational gerettet werden könnte, wenn die wirkliche Welt die beste der möglichen wäre.
Für das moderne Verständnis kann der Plural Welten nur noch metaphorisch verstanden werden für Gebilde, deren kosmische Selbständigkeit und Größe seit langem und bei weitem dem entspricht, was einmal als die Totalität der Welt vorgestellt worden war, also etwa das, was fachsprachlich mit Galaxien bezeichnet wird. Der entscheidende Einschnitt in dieser Begriffsgeschichte liegt bei *Newton* und der Veränderung des Raumbegriffs, die bei ihm eingeleitet wird. Solange der Raum das ganz und gar Nichtige gewesen war, über das hinweg reale Wirkungen nicht ausgeübt werden konnten, war es durchaus

vorstellbar, daß Realitätsgruppen, materielle geschlossene Gebilde so voneinander isoliert sein konnten, daß von dem einen Kosmos zum anderen keinerlei reelle Einflüsse und Informationen gelangen konnten. Seit Newton gibt es einen unabgegrenzten Einfluß jeder materiellen Einheit auf jede andere in einem unabgegrenzten Raum. Kein Element im absoluten Raum ist völlig unabhängig davon, daß es irgendein anderes irgendwo anders gibt. Im strikten Sinne kann es daher eine Pluralität von Welten nicht mehr geben. Kant, der in seiner frühen Kosmogonie mit dem Plural von Welt schwelgerisch umgeht, ist doch genötigt, ausdrücklich zu sagen, daß »alle Welten nur ein einziges Gebäude« seien (Werke I 319), so daß der Ausdruck von einer »Welt von Welten« (Werke I 257) nichts anderes verdeutlicht als die Nichtgleichzeitigkeit der Ausformung der materiellen Strukturen im gesamten Universum: Welten stehen weniger nebeneinander im unendlichen Raum als vielmehr nacheinander in der unendlichen Zeit. Was die Einheit dieser Welt herstellt, ist die homogene Geltung der Gesetze der Newtonschen Physik in derselben Weise, wie das 18. Jahrhundert aus dem Gedanken der Vielheit möglicher Welten die Folgerung gezogen hatte, den *Vernunftsbegriff* so zu definieren, daß ihm zuzuschreiben sei, was in allen Welten gültig und verbindlich wäre. Wenn der Plural von Welt in einer Redewendung gebraucht werden kann wie der, zwei Menschen oder zwei gedankliche Systeme seien weltweit voneinander entfernt oder gar durch Welten voneinander getrennt, so strapaziert diese Formel bewußt den anderen Gedanken, selbst bei solcher Distanz müßte ein Minimum an rationaler Gemeinsamkeit noch gegeben sein – gerade in dieser Hinsicht schafft eine solche Formel bewußt Zweideutigkeit. Man kann förmlich beobachten, wie der Plural von Welt, aus seiner genuinen kosmologischen Funktion und Brauchbarkeit entlassen und freigesetzt, sich nun zu einem Instrument neuartiger Aussageweisen entfaltet, als Metapher für die Pluralität der *Menschenwelten*, der Kulturwelten den Ausschließlichkeitsanspruch etwa der biblischen Geschichte und der innereuropäischen Moral aufbricht. *Moralkritisch* wird etwa bei Montaigne deutlich, daß jenseits der Berge mit einer anderen Moral auch eine andere Welt zu begreifen ist (»neue Welt«). Bei Machiavelli bedeutet der Plural, daß politische Strukturen ausschließlich immanent betrachtet werden können und dabei gegeneinander absolut unabhängige Erhaltungsgesetze haben. Dabei bleibt Welt ein Begriff für die absolute Unbezogenheit, ein Begriff der Relativierung, bis hin zum Versuch des Rationalismus, das Minimum der Norm gegen die kulturelle Diversifikation zurückzugewinnen. Was ein absolutes Seiendes sein wollte, müßte ›seine‹ Welt haben. Hermetischer Verschluß, Verkehrswidrigkeiten, Unübersetzbarkeit der Spielregeln werden künstlich und künstlerisch geschaffen, um *Eigenwelten* zu ermöglichen. *Ästhetisch* ist dieses Prinzip der Mehrweltlichkeit und Eigenweltlichkeit am deutlichsten verwirklicht worden, wenn auch die geschichtliche Vermittlung nicht übersehen werden darf.

Mit ihrer Multiplizierbarkeit hat die Welt alles das verloren, was sie nach Analogie eines Dinges, eines Gegenstandes der Erfahrung begreifen läßt. Sie ist weder die geschlossene Kugel der Antike noch der offene materielle Komplex nach Analogie des Moleküls geblieben. Aber gerade insofern sie eine Idee der Totalität möglicher Erfahrung, also nicht der Begriff eines Gegenstandes der Erfahrung, geworden ist, wird sie der metaphorischen ›Fremdbestimmung‹ zugänglich. Geistreiche Aperçus, auch solche von geringerer Qualität, machen das Verfahren solcher *Fremdbestimmung* deutlich. Gerade wenn die Welt für jedermann keine Kugel mehr ist, wird es eigentümlich tiefsinnig, wenn ein Moralist, der Fürst von

Ligne (Schalk, Moralisten II 103) das Bild gebraucht: »Die Welt ist eine Kugel, die Gott rollen macht.« Es ist schwer zu sagen, was das überhaupt meint, und natürlich noch schwerer, nämlich unmöglich, auszuweisen, daß es etwas Richtiges meint. Es ist eben nur so tiefsinnig, wie Moralisten zu sein pflegen. Aber was man sofort sieht, ist die Möglichkeit, aus der Metapher einen Mythos zu machen, sobald man Fragen an sie richtet. Der alte kosmologische Satz von den ihrer Natur nach rotierenden Kugeln ist zu einer Metapher für die Unruhe und Unaufhaltsamkeit der menschlichen Geschichte geworden.

Absolute Metaphern dieser Art müssen einander nicht ausschließen, auch wenn sie in gegenständlicher Bezogenheit dies täten. Nehme ich zu der Kugelmetapher des Fürsten von Ligne eine andere von Joubert (Moralisten II 218): »Die Welt wurde gemacht wie das Gewebe einer Spinne...«, so schließen sich zwar die metaphorischen Imaginationen aus, denn das Gewebe einer Spinne läßt sich nicht rollen wie eine Kugel, aber die Welt ist eben kein Gegenstand, dessen verschiedenste Aspekte dennoch der Deckung fähig sein müssen, sondern sie ist eine ungegenständliche Totalität, und was über ihren Bewegungszustand als ihre Prozeßintensität gesagt werden kann, schließt noch nicht aus, daß mit der Metapher vom Spinnennetz die Geringfügigkeit ihrer Substanz, das Überwiegen der Leere und dennoch die Festigkeit ihrer Funktion bei Beanspruchung ausgesagt werden kann (zufällig sagt es Joubert andernorts auch begrifflich: »Die ganze Welt ist nur ein wenig verdichteter Äther...« II 234). Plötzlich nimmt man wahr, wieviel aussagehaltiger die Metapher ist als der Versuch, sich fachsprachlicher Ausdrücke der Physik zu bedienen – denn was wäre schon durch den Begriff ›verdichteter Äther‹ erklärt?

Wer, wie der Schweizer Friedrich Theodor Vischer, von der Plage des Schnupfens verfolgt ist, sieht die Welt und ihren Ursprung schließlich in der Metapher einer gewaltigen Erkältung. Am Urner Loch sieht der Verfasser seinen Helden A.E. stehen, »den Rücken an die Felswand gestemmt, einen Fuß vorgestellt, die Faust himmelwärts geballt ...«, eine Kierkegaard-Figur, das metaphysische Prinzip mit grausigen Zynismen verfluchend, die im Toben der Natur nur fetzenweise an das Ohr des Erzählers gelangen: »Und Gott sprach: es werde! und der Katarrh ward – ... Welt – eine Erkältung des Absoluten – in der Einsamkeit – spuckte aus und die Welt war – die Welt vom Ewigen gehustet, geräuspert...« (Auch Einer, 58) Das ist fast schon ein Mythos, wenn man noch die Frage stellen dürfte, woran denn das schaffende Wesen sich erkältet habe und weshalb es ihm an einem Taschentuch gefehlt habe, so daß aus dieser Verlegenheit die Welt entstand.

Nietzsche hat zuerst den Ausdruck Metapher mit dem Ausdruck Welt vereinigt, indem er von »Metapherwelten« sprach. (Werke VI 57) Es gibt hier einen Zusammenhang: weil es Weltmetaphern gibt und geben muß, weil dies eine Vakanz des Begriffs ist, die nur von der Imagination erfüllt werden kann, deshalb schließen sich Metaphern zusammen zu Metaphernwelten mit einer eigenen Logik ihrer Assoziation, ihrer bildlichen Deckung und Berührung, die aber, wie das Beispiel von Kugel und Spinnennetz zeigte, eine vordergründige Unvereinbarkeit haben können.

Zu vergleichen ist Wittgenstein: »Das Wesen des Satzes angeben, heißt, das Wesen aller Beschreibung angeben, also das Wesen der Welt.«

Ein Vergleich der Leistungsfähigkeit von Begriff und Metapher führt dazu, beide in ihren Hyperbeln zu betrachten. Der Begriff endet in der Mystik, die Metapher im Mythos.

Nun mag dies, für sich genommen, nicht besonders interessant sein. Aufschlußreich wird es erst dadurch, daß man nach der Begründung sucht. Sie liegt, wie ich meine, in dem antithetischen Verhältnis zur Negation.

Ich greife noch einmal zurück auf die anthropologische Begründung des Begriffs. Er ist das Organ der *perceptio per distans*. Die Entfernung der aktuellen Wahrnehmung ist maximal der Radius des Horizonts. Ein so erweiterter Horizont birgt nicht nur das, was das wahrnehmende System akut betrifft oder betreffen wird, sondern enthält alle Möglichkeit dessen, was es betreffen könnte. Das Instrumentarium für Möglichkeit muß vielfach umfangreicher sein als das für akute, also leibhafte und leibnahe Wirklichkeit. Mit der Prävention wächst die Horizontbesetzung im Quadrat der Entfernung. So wie die *Möglichkeit* nur durch den *Begriff* in das Bewußtsein eingeführt werden kann, kann die *Differenz zwischen Möglichkeit und Wirklichkeit,* die Reduktion des größeren auf den engeren Horizont nur von der Negation geleistet werden. Der selektive Vorteil des Begriffs wird überhaupt nur dadurch ausgespielt, daß er in Verbindung mit der Negation treten kann. Die präventive Ursituation wird nicht nur durch die *positiven Präsumptionen* begünstigt, deren das aufgerichtete organische System fähig geworden ist, sondern auch durch die *negativen Exklusionen*, die es zu vollziehen lernt, weil es sich Erwartungen vorzuhalten vermag und Fragen zu stellen befähigt ist. Es ist das Abtasten der Möglichkeiten, das zur Erzeugung der Negation treibt.

Das entfernte Geräusch eines massigen Körpers oder die Wahrnehmung einer Spur lassen die Möglichkeiten zu (und alarmieren die entsprechenden Verhaltensvorkehrungen), daß es ein Mammut sein könnte. Ebenso wichtig, wie die Zulassung dieser Möglichkeit, ist das andere Moment, daß sie auch ausgeschlossen werden kann und dadurch Konsolidierung der Lage oder Wechsel der Aufmerksamkeit eintritt. »Es ist kein Mammut« – das ist nach Kant ein unendliches Urteil, also ein logisch so gut wie wertloses, weil es die Unendlichkeit der Möglichkeiten nur um eine vermindert hat; im endlichen Horizont einer Situation aber, für die *Logik der Lebenswelt* also, ist diese Exklusion unter Umständen von höchstem Wert. In der *Negation* wird die *Entscheidung der Realität über das Möglichkeitsbewußtsein* zur Kenntnis genommen und gebracht. Freud hat einmal bemerkt, das Traumbewußtsein sei ein Bewußtsein, das keine Negation kennt. (Traumdeutung, 169 ff. Merleau-Ponty, Vorlesungen I 80). Weil es keinen Begriff kennt. Das Erwachen hat den Charakter der Negation gegenüber dem Traum, weil es den Begriff wieder zuläßt. Auch die *Metaphorik* kennt die Negation nicht, es sei denn, in der begrifflichen Feststellung gegenüber dem Kontext der Metaphorik, daß eine Metapher mit der anderen sich nicht verträgt, daß Interferenz zwischen ihnen besteht und so weiter. Der *Begriff* erlaubt uns, auch das zu erkennen und vorstellend einzuführen, was es nicht gibt, was wahrnehmungsmäßig nicht präsent ist. Der Begriff erlaubt also, *Lücken im Erfahrungskontext* festzustellen, weil er auf das Abwesende bezogen ist – aber nicht nur, um es anwesend zu machen, sondern auch, um es abwesend sein zu lassen. Immer wieder muß gesagt werden, daß über etwas zu sprechen, was nicht wahrgenommen wird und gegeben ist, die eigentliche geistige Leistung ausmacht.

1794 beschreibt Dalton zum ersten Mal die Farbenblindheit. Antike und Mittelalter hatten nie bemerkt, daß es das gibt. Man vergegenwärtige sich aber auch, welchen

hohen Grad von Objektivierung es voraussetzt, auf die einschlägigen empirischen Situationen zu achten, die zu der Feststellung nötigen, man selbst oder ein anderer sehe die Welt nicht so wie alle anderen.
Diese Erörterung führt mich an einen kritischen Punkt. Man sollte denken, daß der Begriff dort, wo er seine extreme Leistung erreicht, der Metapher am wenigsten bedürftig ist oder das Surrogatbedürfnis der Verbildlichung am wenigsten spüren läßt. Aber gerade der umgekehrte Fall trifft zu. Die höchste Stufe der Abstraktion wird in Verbindung mit der Negation erreicht. Dafür sprechen die Begriffe der negativen Theologie, die Einführung des Begriffs des Nihil in die Metaphysik, vor allem die Mystik. Heidegger spricht von der »Idee des Nicht«; sie wurzele im Dasein. (Sein und Zeit, 283-286) Die Entdeckung der Negation von Sein (nicht von Welt) sei der erste notwendige Schritt zu jeder Unanschaulichkeit. (Cassirer, Substanzbegriff und Funktionsbegriff, 221) Ein Satz wie der, daß »es dem Ich versagt bleibt, das Nicht-Ich wirklich und absolut zu ergreifen« (Simmel, Soziologie, 63), läßt sich nur in dieser abstrakten Verbindung des Begriffs – also nicht der okkasionellen Bedeutung – eines Ich mit der Negation formulieren.

Die Negation als Extrem des Benennungsvorganges: Verzögerung*

Der selektive Vorteil des Begriffs wird nur erfaßbar, wenn man sich vergegenwärtigt, daß eine seiner wichtigsten Funktionen die Verbindung mit der *Negation* ist. Die präventive Ursituation wird nicht nur durch die positiven Präsumtionen bevorteiligt, deren das aufgerichtete Organsystem fähig wird, sondern auch durch die negativen Exklusionen, die es zu vollziehen lernt, *weil* es Erwartungen zu formulieren vermag oder Fragen sich zu stellen fähig wird. Es ist das Abtasten des Möglichen, das zur Erzeugung der Negation treibt. Das entfernte Geräusch eines massigen Körpers oder die Wahrnehmung einer Spur lassen die Möglichkeit zu (und alarmieren die entsprechenden Verhaltensvorkehrungen), daß es ein Elefant sein könnte. Es ist nun ein ganz wichtiges Moment, daß diese Möglichkeit ausgeschlossen werden kann und damit Konsolidierung der Lage oder Wechsel der Aufmerksamkeit eintritt. »Es ist kein Elefant« – nach Kant ein unendliches Urteil, also logisch wertlos, weil es eben die Unendlichkeit des Möglichen nur um 1 vermindert hat – ist doch für den endlichen Horizont einer Situation, für die Lebenswelt-Logik also, unter Umständen von höchstem Wert. In der Negation wird die Entscheidung des Wirklichen über das Möglichkeitsbewußtsein erfahren, einschneidend erfahren.

Das Traumbewußtsein, ein Bewußtsein, das keine Negation kennt (Freud, Traumdeutung, 169 ff. – Merleau-Ponty, Vorlesungen I, 80). Das Erwachen hat den Charakter der Negation gegenüber dem Traum. Auch die Metapher

*Die beiden folgenden Seiten sind eine spätere Ausarbeitung des Vorangegangenen unter eigenem Titel, auf gesondertem Blatt, mit der Funktion der Überleitung. (A.d.Hrsg.)

kennt die Negation nicht, also nicht die Durchstreichungen, außer in der Sprengmetaphorik.
Der Begriff erlaubt uns, auch das zu erkennen und wahrzunehmen, was es nicht gibt, also Lücken im Erfahrungskontext überhaupt festzustellen – wie er überhaupt auf das Abwesende bezogen ist, da er nicht nur, um es anwesend zu machen, sondern auch, um es abwesend sein zu lassen, da ist. 1794 beschreibt Dalton zum erstenmal die Farbenblindheit – Antike und Mittelalter hatten nie bemerkt, daß es das gibt. Man vergegenwärtige sich aber auch, welchen hohen Grad von Objektivierung man dazu voraussetzen muß.
Überhaupt wird die höchste Abstraktionsstufe durch die Negation erreicht. Mystik. Bei Heidegger (Sein und Zeit 283, 285 f.) wurzelt die »Idee des Nicht« im Dasein. Die Entdeckung der Negation von Sein (nicht von Welt) ist der erste notwendige Schritt zur Unanschaulichkeit (Cassirer, Substanz/Funktion 221). Eine These wie die, daß »es dem Ich versagt bleibt, das Nicht-Ich wirklich und absolut zu ergreifen« (Simmel, Soziologie 63), läßt sich eben nur in dieser abstrakten Verbindung von Begriff (Ich – nicht okkasionelle Bedeutung, sondern Verbegrifflichung) und Negation haben.
Nun zu einer ganz kühnen Verbindung der Funktionen von Begriff und Metapher, wo die Übersteigerung der Negation in die Metapher umfällt (Gnosis).

Nun möchte ich zeigen, wie die Spitze dieses Steigerungsprozesses abbricht und dabei in die Metaphorik und den Mythos hinabfällt. Für solche Prozesse gibt es auf keinem Gebiet unserer intellektuellen Geschichte so viel zu lernen wie im Quellbereich der Gnosis. Ich zitiere einen einzigen Satz aus der Darstellung des Systems des Gnostikers Basilides, die (Rom, um 200) Hippolytus (Refutatio VII 21,4) gegeben hat. (Völker, Quellen zur Geschichte der christlichen Gnosis. Tübingen 1932, 47) Der Satz lautet: »So machte der nicht seiende Gott einen nicht seienden Kosmos aus nicht Seiendem, indem er ein Samenkorn hervorbrachte, das in sich die ganze Keimanlage (panspermia) des Kosmos enthielt.«

Das ist ein unglaublich konzentriertes Paradigma für die spekulative Steigerung und Übersteigerung des Begriffs in der ersten Hälfte des Satzes, für den Absturz in das Bedürfnis nach einer handfesten Verbildlichung und organischen Metaphorik in der zweiten Hälfte. Die dreifache Negation am Anfang, die sich gleichsam mit ihrer eigenen Magie aus der Verlegenheit des Unerklärbaren herauszuziehen sucht, bleibt hängen an der simpelsten Metaphorik für den Weltursprung, die es seit dem Mythos gegeben hatte, seiner Vorstellung als eines wachsenden Organismus. Aber die Stärke der philosophischen Sprache ist es immer gewesen, daß sie den Versuchungen zur Ausweitung der metaphorischen Aushilfen widerstand. Die Gnosis hat dies nicht vermocht; sie hat immer eine ganze Geschichte aus dem Keim der Metapher herausgezogen, ein ganzes System von Weiterungen und Erweiterungen, von Antworten auf Rückfragen und Nachfragen. Entweder steckt ihr *Dualismus* schon in diesen Geschichten, oder diese Geschichten erzwingen den Dualismus, denn er ist das Minimum der Voraussetzungen, ohne die sich gar nichts erzählen läßt. Die erste Hälfte des Satzes schließt alle Fragen aus, die zweite gibt allen Fragen Raum.

Von der Gnosis gilt, was Voltaire von den religiösen Zuständen eines Staates gesagt hat: zwei rivalisierende Konfessionen oder Religionen erzeugten innerhalb seiner Grenzen so viel Schwierigkeiten und Verwicklungen, wie sie von zweihundert, die notwendig nur noch die Spezifität von Sekten hätten, niemals hervorgebracht werden könnten. Das ist die Stärke der Gnosis im Verhältnis zum antiken Polytheismus, und es ist ihre Stärke im Verhältnis zum spekulativen Monismus und seiner Armut an möglicher Bewegung. Wo er nicht den Kunstgriff der negativen Spekulationen entwickelt, muß der *Monismus zwangsläufig in der Metaphorik* steckenbleiben, auch wenn er dies zuzugeben nie bereit wäre. Das Angebot, sich im Metaphorischen zu halten und aus ihm zu verstehen, darf der dogmatische Monismus niemals annehmen. Der *Polytheismus* ist schon dadurch politisch nützlich, daß er die Gewaltenteilung in Reinkultur enthält und darstellt, dafür oder dadurch aber auch eine der historisch möglichen Gewalten gänzlich der Gewalt beraubt: es gibt keine polytheistischen Kirchen, und selbst die Gnosis hat sich als ein immer wieder autokatalytisches Element erwiesen.
Die gnostische Formel von der Hervorbringung eines Nichts durch das Nichts aus dem Nichts und ihre Umsetzung in die Einlegung eines Weltsamens in den Weltgrund verbindet sich dadurch mit dem Begriff der *Natürlichkeit*, der Fragen nach Motiv und Begründung erspart, aber auch die harte dogmatische Abweisung mit der Formel, es sei so, weil es so gewollt worden sei. Fragen nach der Begründung enden unweigerlich in Philosophie oder in der philosophisch nivellierten Form der Theologie, der *Theodizee*. Sie beruht immer auf einer letzten Identifizierung, durch die das Sein als solches zu einem Wert gemacht und nur noch die Einschränkungen dieses Wertes durch die Übel in der Welt verteidigt werden müssen, nicht aber die Grundlegung einer Welt als solcher

und überhaupt. Der extreme *Gegentypus zur Theodizee* innerhalb der Zulassung von Fragen nach dem Grunde ist die Weltbegründung durch Wahnsinn oder Selbstbetrug. Im neunten Kapitel der anonymen »Nachtwachen des Bonaventura«, nach deren Verfasser so lange gefahndet worden ist, gibt es den »Monolog des wahnsinnigen Weltschöpfers«, der freilich nicht nur und zuerst den theologischen Schöpfer meint, sondern zugleich das absolute Ich des Idealismus: »Es ist ein wunderlich Ding hier in meiner Hand, und wenn ich's von Sekunde zu Sekunde – was sie dort ein Jahrhundert heißen – durch das Vergrößerungsglas betrachte, so hat sich's immer toller auf der Kugel verwirrt und ich weiß nicht, ob ich darüber lachen oder mich ärgern soll – wenn beides sich nur überhaupt für mich schickte. Das Sonnenstäubchen, das daran herumkriecht, nennt sich Mensch; als ich es geschaffen hatte, sagte ich zwar der Sonderbarkeit wegen, es sei gut – übereilt war das freilich, indes, ich hatte nun einmal meine gute Laune, und alles Neue ist hier oben in der langen Ewigkeit willkommen, wo es gar keinen Zeitvertreib gibt… Aber dies winzige Stäubchen, dem ich einen lebendigen Atem einblies und es Mensch nannte, ärgert mich wohl hin und wieder mit seinem Fünkchen Gottheit, das ich ihm in der Übereilung anerschuf, und worüber es verrückt wurde. Ich hätte es gleich einsehen sollen, daß so wenig Gottheit nur zum Bösen führen müsse, denn die arme Kreatur weiß nicht mehr, wohin sie sich wenden soll, und die Ahnung von Gott, die sie in sich herumträgt, macht, daß sie sich immer tiefer verwirret, ohne jemals damit aufs Reine zu kommen… Zuletzt – und das war das Ärgste – dünkte sich das Stäubchen selbst Gott und baute Systeme auf, worin es sich bewunderte. Beim Teufel! Ich hätte die Puppe ungeschnitzt lassen sollen!« Georg Büchner nennt in »Dantons Tod« die Schöpfung »Die Wunde des Nichts«.

Vielleicht wird es schon nicht mehr mitgehört, daß dem Titel einer Metaphorologie schon als solchem ein Ruch von Illegitimität anhaftet. Die Zuständigkeit für die sprachliche Institution der Metapher liegt in unserer Tradition bei der Rhetorik. Das Verhältnis der Rhetorik zur Wahrheit – also zu einem der unbestrittenen Werte dieser Tradition – ist mehr als umstritten, es ist zweideutig, fragwürdig nicht im guten Sinne. Es ist niemals überraschend gewesen, wenn ein philosophischer Autor wie Locke in der Metapher eine der elementaren Irreführungen des menschlichen Geistes erblickt, deren Beseitigung zu den Aufgaben der Philosophie gehört. Die Rhetorik ist der institutionalisierte Gegentypus der Philosophie.
Historisch betrachtet ist das zunächst der Sieg Platos – und alles dessen, was von ihm abhängt, also auch des Sokrates – über die Sophistik. Plato hat diesen Sieg durch entsprechende Zurichtung seines Gegners als den der Ethik über die Demagogik, der Logik über die Ästhetik dargestellt, und es ist den Jahrhunderten und Jahrtausenden nach ihm als ein Glück erschienen, daß die Sophistik im Nichtbestand ihrer literarischen Überlieferung untergegangen ist, nur noch im Schimpfwort überlebt hat. So wie Plato angeblich die Werke des Demokrit, also der gleichfalls von ihm überwundenen Atomistik, aufgekauft hat, um sie zu verbrennen und die Nachwelt vor ihnen zu bewahren.
Aber hier spielt noch ein ernsteres Problem hinein als das der historischen Erfolge und Niederlagen. Plato hat seinem Werk die Form des Sokratischen Dialogs gegeben. Diese mit der Autorität des Sokrates und vielleicht mit der tatsächlichen Erfassung seiner unmethodischen Methode entwickelte Form soll nicht nur Inhalte bestimmter Art vermitteln (die sich alsbald wohl weit von der Selbstbegrenzung des Sokrates entfernt hatten), sondern als

Form den Widerspruch gegen die Rhetorik zur Geltung bringen, zur Evidenz bringen. Die Rhetorik als Kunst der Überredung erscheint als das einseitige Geschäft des Könners gegenüber denen, die sich nur durchs Hören mit ihm eingelassen haben, ohne seiner erlernten und geübten Kunst gewachsen zu sein. Von allem Anfang an erscheint die Rhetorik als der konstitutive Mangel der rationalen Gegenseitigkeit, wie sie sich im Dialog darstellt. Die Überredung scheint Platz zu greifen, wo das Argument fehlt oder sich nicht behaupten zu können glaubt. In diesem Rahmen wird die Metapher zu einem der Blendwerke der sanften Verführung, eben umso wirksamer dort, wo dem Hörer die eigene begriffliche Übersicht fehlt und ihm daher das Surrogat einer Orientierung angeboten werden kann. Der Dialog erscheint dem gegenüber als die Institution, in der sich jeder seiner Haut wehren kann, in der das Spiel der rationalen Kräfte freigegeben ist und wo die Macht der Wahrheit sich selbst zur Geltung bringen kann. Jeder, der den sokratischen Dialog Platos sich genauer angesehen hat und nicht geblendet ist von der kanonischen Geltung und dem literarischen Reiz, bemerkt schnell, daß auch der Dialog seine eigene Tükke der Verführung hat, daß aus dem Dialog sehr schnell die Dialektik wird, in deren Fangstricken und Fallgruben sich doch immer der andere fängt, dem nichts als Kapitulation übrigbleibt, nicht weil er der Wahrheit ansichtig geworden wäre, sondern weil er auf seine Weise nicht weiterkommt. Trotzdem ist der Dialog über den frühen Aristoteles, Cicero und Augustin bis zu Nikolaus von Cues und Giordano Bruno zu der Literaturform einer gewissen Freiheit des Denkens und ihrer Figuren geworden. Tatsächlich gibt es bei allen erwähnten Autoren nichts anderes als das überwältigende Übergewicht einer Rhetorik im Gewande des Dialogs, des Dialogs als Rhetorik. Ich gebe darauf nur deshalb einen kurzen Hinweis, weil es beleuchten kann, was an der traditionellen Antithese von Philosophie und Rhetorik wirklich ist.

Nun hat die Rhetorik selbst keine eindeutige Tradition. Einerseits hat sie sich mit ihrem sophistischen Verruf abgefunden und sich als mehr oder weniger offene Technik der Überredung und Verführung etabliert, als Technik der Rede vor Gericht, vor der Volksversammlung, vor der Gemeinde schließlich, die zu ihrem Heil verführt sein will. Diese Tradition kulminiert bei Machiavelli, im politischen Realismus der Machterlangung, Machtausübung und Machterhaltung, wobei das Wort nur eines der Instrumente ist, aber das, welches die anderen implicite schon enthält. Natürlich gibt es nie viele Demagogen, die bereit sind, sich selbst als solche und dann noch als Lehrer ihres Faches auszugeben. Voltaire schreibt über Friedrich den Großen und sein Jugendwerk »Antimachiavelle«, Machiavelli selbst hätte seinem Schüler keinen besseren Rat geben können als den, einen Antimachiavelle zu schreiben.

Leichter haben es in der Tradition der Rhetorik diejenigen, die sie der Philosophie wieder anzunähern suchten, indem sie aus der Antithese ein Dienstverhältnis machen zu können glaubten. Auch die Wahrheit brauche, um sich durchzusetzen, die gute Darbietung, die Annehmlichkeit der Form, sogar den Schmuck der Redefiguren. Es ist klar, daß eineinhalb Jahrtausende, deren wichtigste literarische Trivialform die Predigt war, dieser Tradition der Rhetorik eine gegen allen sophistischen Verdacht behauptete Stütze sein mußten. Ich sage das alles im Hinblick auf die Metapher und ihre Bewertung und Zuordnung in unserer intellektuellen Geschichte.

Zweifellos stecken in den divergierenden Auffassungen von Rhetorik in unserer Tradition auch grundverschiedene implizite Auffassungen von der Sprache und ihrer Funktion. Die als Formung und Schmuck der Aussage verstandene Rhetorik nimmt Sprache vor allem als Aussage, Mitteilung von Inhalten, zumal Erkenntnissen. Eine solche Auffassung gilt heute weithin als naiv und als beteiligt an vielen Mißverständnissen der Logik und Philosophie. Die andere Auffassung, die inzwischen auch die expressive Auffassung der Sprache weitgehend verdrängt hat, ist die, sie als Vehikel des Einflusses von Menschen auf Menschen zu sehen, als Ansatz zu einer Handlung und als Induktion von Handlungen. Konsequent ist dann, die Sprache weder primär als Ausdruck noch als Mitteilung zu nehmen, sondern als ›Sprachhandlung‹. Solche Verschiebungen wird man immer auch in einem anthropologischen Horizont der Vorzugswertungen sehen müssen. Das Wesen, das vorzugsweise handelt, ist dadurch nicht nur ausgezeichnet, sondern charakterisiert als ein Wesen, das sich die Verweilstufen diesseits von Handlungen gar nicht leisten kann, ein bedrängtes und zur Aktion und Interaktion gedrängtes Wesen, das nichts Dringenderes zu tun hat, als Kommunikationen und Solidaritäten herzustellen, die als solche immer nur Vorstufen von Handlungen sein können. Wer die Revolution liebt, wird schon die Sprache als Handlung auszugeben geneigt sein; das Andere ist dann alsbald auch das Surrogat des Einen. Wenn die Sprache Handlung ist, dann ist ihr Zweck nicht auch schon und zugleich ihr Inhalt (wie es bei der Aussage der Fall ist, in der die sprachliche Form nur diesem einen Zweck dienstbar ist, der zugleich ihr Inhalt ist. Was der Sprachhandlung wichtig ist, ist nicht das, was sie zu sagen hätte. Dieser Begriff der Sprachhandlung hat eine hochgradige Affinität zum sophistischen (oder besser: der Sophistik nachgesagten) Begriff der Rhetorik.

Die Bemerkung zur Sprachhandlung zeigt, wie es zu verstehen ist, daß die Spaltung des Selbstverständnisses der Rhetorik Voraussetzungen in der Anthropologie hat. Nicht zufällig waren es oft die Skeptiker, die der Theorie am wenigsten zutrauten und die in ihr keine Voraussetzung des Handelns erblicken konnten, welche mit der Unerläßlichkeit und Unaufschiebbarkeit des Handelns als konstitutiven Moments des menschlichen Daseins rechneten und sich die Frage sauer werden ließen, worin denn mangels theoretischer Orientierung das Handeln seine Regeln finden könne. Der Wahrheitsmangel, von dem der Skeptiker wohl oder übel ausgehen muß, indiziert ihm oder assoziiert ihm die anderen Mängel, welche den Menschen nötigen, handelndes Wesen zu sein. Wenn aber Wahrheit fehlt, muß die ganze Skala der Wahrscheinlichkeiten der Orientierung des Handelns dienen – und auf dieser Skala ist die Rhetorik zu Hause, wenn sie davon ausgeht, daß Überredung nur dort oder vor allem dort ihren Platz hat, wo Rationalität nicht leicht vorgegeben oder aufzufinden oder zu praktizieren ist. Man sieht ein Feld vor sich, das durch bekannte Markierungen abgesteckt ist und dessen Struktur die eines homogenen anthropologischen Horizonts ist: Skepsis, handelndes Wesen, Wahrscheinlichkeit, Überredung. Wo die Wissenschaft jemals vollendet wäre, gäbe es keine Verlegenheit mehr, was und wie es zu tun sei – also die definitive Moral, die sich wirklich von selbst versteht –, es wäre dann auch jede Rhetorik überflüssig und wirkungslos, es sei denn als bloße Unterhaltung des Vorzeigens einer Kunstfertigkeit, wie es die artistische Rhetorik nur zu oft gewesen ist, die im blanken Sehenlassen ihrer Mittel den Manierismus nach klassischer Epochen erzeugt. (Übersteigerung des ornatus: Curtius, Europäische Literatur 276) Der Cartesianismus macht jede Rhetorik im strikten Sinne gegenstandslos; die Möglichkeit der definitiven Moral und die Rhetorik schließen einander aus. Allerdings schafft die Institution der provisorischen Moral, zumal wenn ihre Epoche sich als ausgedehnter denn vermutet und geplant erweist, einen neuen Spielraum für Rhetorik, und dieser kann im

Hinblick auf das Bevorstehen des Endgültigen mit besserem Gewissen und daher skrupelloserer Methode genutzt werden. Es gibt nicht nur für Cartesianer diese Lizenz des provisorischen Interims; alle Eschatologen haben es und nutzen es. Unmittelbar vor dem Endgültigen muß es erlaubt, wenn nicht geboten sein, die Menschen zu ihrem Glück zu verführen. Mit dem Begriff dieses Glücks hat Rhetorik immer etwas zu tun.

Die Metapher – als das signifikante Element der Rhetorik – zeigt auf einen anthropologischen Mangel und entspricht in ihrer Funktion einer Anthropologie des Mängelwesens. Aber sie behebt den Mangel aus dem Fundus eines Überschusses, aus der Ausschweifung über den Horizont des Lebensnotwendigen hinweg, insofern dieser Horizont Möglichkeit und Wirklichkeit trennt. Die Armut unseres Wirklichkeitsbezuges (inmitten des Reichtums unserer Möglichkeitsbeziehung) ist nicht erst eine Armut der Erkenntnis, der Wahrheit, der Theorie, sondern schon eine solche der Sprache, die sich innerhalb des lebensweltlichen Horizontes der nichtmodalisierten Gegebenheit ausbildet, aber ihre Leistung bezieht und beziehen muß auf das um diese Unmittelbarkeit gelagerte Unbekannte und Mögliche. Die Metapher verbindet die Sprachbereiche des primären Wirklichkeitsbezuges und der sekundären Möglichkeitsbeziehung. Noch formaler ausgedrückt: die Metapher ist das Instrument eines expansiven Weltverhältnisses, das die der Sprache nicht bedürftigen Regelungen und Auslösemechanismen der biologischen Umwelt längst verlassen hat und in den selbstverständlichen Institutionen der Lebenswelt nur durchgangsweise habilitiert war. Auf diese zentrifugale Dynamik kommt es für genetische Erörterungen an. Cicero hat die Genese der Metapher verglichen mit der Entstehung der menschlichen Bekleidung: sie sei zuerst und zunächst zur Anwendung der Notlagen durch Kälte und

Witterung erfunden worden, später aber habe sie begonnen, auch dem Schmuck des Leibes und der Kenntlichmachung der Würde zu dienen – *sic verbi translatio instituta est inopi causa, frequentata delectationis* (De oratore III 38,155). Eine solche Äußerung ist nur deshalb für uns nicht mehr ergiebig genug, weil sie ein bloßes Sequenzverhältnis angibt, aber uns nicht dazu verhilft, den Übergang von der Mangellage zur Luxuslage als etwas in der Mangellage selbst begründetes und in ihr legitimiertes zu begreifen. Anthropologisch bedeutet der Sprachmangel, die *egestas verborum* – die Cicero bei dem Versuch der Übersetzung der griechischen Philosophensprache ins Lateinische empfand –, nur einen Aspekt der Ungenauigkeit, mit der der Mensch in die Wirklichkeit eingelassen ist, anstatt daß er ihr eingepaßt sein könnte. Wenn der Logos der Welt selbst es wäre, der in der Sprache des Menschen sich ausspricht und nur ein anderes Organ verschafft hat als das der Natur, dürfte es nichts anderes als die im aristotelischen Sinne ›eigentliche Rede‹, das *kyrion onoma*, geben. Es bedürfte des Mutes der Metapher nicht, der immer schon ein Stück des Mutes zur Vermutung über die Natur der Wirklichkeit darstellt. Natürlich ist es eine ›traurige Notwendigkeit‹, der Metapher zu bedürfen und auf ihren ökonomischen Effekt angewiesen zu sein, aber zugleich entdeckt uns doch diese traurige Notwendigkeit, daß wir ausgegriffen haben auf Wirklichkeitsgebiete, die jenseits unserer Dürftigkeit und Bedürftigkeit liegen, also uns unsere Freiheit reflektieren. In Lamberts Briefwechsel mit Holland findet sich eine Stelle, die sich auf den Paragraphen 343 der »Semiotik« im »Organon« Lamberts bezieht: »Ich wünschte, daß Sie, mein Herr, etwas Mehreres davon im Organon gesagt hätten. Da wir doch einmal in die traurige Notwendigkeit gesetzt sind, uns wenigstens mit Wörtern von dieser Art zu behelfen, so wäre es wohl der Mühle wert, die Art mit ihnen umzugehen, weitläufig auszuführen und die Grenzen der Zulässigkeit auf das genaueste zu bestimmen. Ich denke, daß wir der Entwickelung von Metaphern einen großen Teil unserer Erkenntnis und einen noch größeren unserer Irrtümer zu danken haben.« (Holland an Lambert, 8. Mai 1765; Lambert, Briefwechsel, ed. Bernoulli, I 39 f.) Hier ist auf engstem Raum alles gesagt: die traurige Notwendigkeit eines Notbehelfs führt in den doppeldeutigen Überschuß eines Leitfadens der Erkenntnis einerseits, einer Verweisung der Irreführung andererseits.

Es ist das Mißtrauen in die Sprache, das die Metapher zugleich unentbehrlich und suspekt macht. Aus diesem Dilemma herauszukommen, bedeutet die Umwandlung des menschlichen Weltverhältnisses in ein durch und durch, seiner gesamten Artung nach metaphorisch-rhetorisches. Die Philosophie, die dabei herauskommt, ließe sich schon vorgreifend charakterisieren als eine selbst rhetorisch werdende Philosophie der Rhetorik. Diesem Typus am nächsten kommt Nietzsche. Bei ihm wird Rhetorik als Inbegriff der Verhaltensweisen und Stilmittel bei Wahrheitsmangel oder beim Zurückbleiben der wissenschaftlichen Erkenntnis hinter der großen Wahrheitserwartung ausgebildet. Platos Haß auf die Rhetorik wird für Nietzsche der Ausgangspunkt dafür, seinen Haß auf Plato und den Platonismus zu übersetzen in die Rehabilitierung der Rhetorik. Nietzsche hat im Sommer 1874 eine dreistündige Vorlesung »Darstellung der antiken Rhetorik« gehalten. Zunächst ist man erstaunt, daß Nietzsche den Primat der Rhetorik in der antiken Bildung im Unterschied zur modernen damit begründet, es sei dort »das Gefühl für das an sich Wahre viel mehr entwickelt« gewesen. (Werke V 287) Was aber in diesem Wahrheitsbegriff steckt, wird sogleich an der Erläuterung dieser allgemeinen Behauptung deutlich, die Nietzsche unmittelbar anschließt: »... die Rhetorik erwächst aus einem Volke, das noch in mythischen Bildern lebt, und noch nicht das unbedingte Bedürfnis nach historischer Treue kennt: es will lieber überredet als belehrt sein, und auch die Notdurft des Menschen in der gerichtlichen Beredsamkeit soll zur freien Kunst entfaltet sein«. Nietzsche hat wohl zuerst für diesen Zusammenhang von Mythos und Rhetorik einen Grund angegeben, der über die Vordergründigkeit der Beobachtung, die ihm zugrunde liegt, hinausweist: »Das Mythische und das Rhetorische wird angewandt, wenn die Kürze der Zeit keine wissenschaftliche Belehrung zuläßt.« (Werke V 290) Dies ist ein Hinweis, der auch anthropologisch über die bloße Mangellage hinausgeht, weil er in der Antithetik von Erkenntnis und Rhetorik nicht mehr nur auf die Bewertung der Ausgangslage und Grundverfassung des Menschen angewiesen ist, ob etwa vom Reichtum seiner kreativen Ausstattung oder von der Armut seiner physiologischen Rückwandlung auszugehen ist. Nietzsches Hinweis berührt einen konstitutiven Mangel, der die Verfügbarkeit von Zeit für rationale Prozesse in ein Verhältnis setzt zu ihrem Ertrag: Zeitmangel ist ein Radikal der menschlichen Lebensbestimmtheit, und Vernunft darf keinen beliebigen Preis an Zeit abfordern. Auf diese Sachlage ist die Rhetorik eine Antwort.

Es gibt eine kostbare Stelle im Briefwechsel Kants mit Carl Leonhard Reinhold aus dem Jahre 1789. Dieser hatte Angriffe Eberhards in dessen »philosophischem Magazin« gegen Kant in der »Allgemeinen Literaturzeitung« zurückgewiesen. Kant macht dazu in zwei Briefen zusätzliche Bemerkungen. Eberhard hatte für einen Teil der Disziplinen, die Kants Kritik der theoretischen Vernunft zum Opfer gefallen waren, beansprucht, daß ein weiterer Fortgang der Arbeiten vielleicht doch noch Erfolg haben könnte. Er hatte geschrieben: »Allein auch an der Bearbeitung der bestrittenen Wissenschaften der Kosmologie und der Theologie brauchen wir die Hände nicht sinken zu lassen, wir können an ihrer Erweiterung immer fortarbeiten, wir können sie immer mit neuen Wahrheiten zu bereichern suchen, ohne uns auf die transzendentale Gültigkeit dieser Wahrheiten vor der Hand einzulassen.« Kant versieht diesen Text mit einer kurzen Anspielung auf eine Anekdote: »Hier könnte man wohl fragen, wie ein fremder Gelehrter, dem man den Hörsaal der Sorbonne mit dem Beisatze zeigte: Hier ist seit 300 Jahren disputiert worden: Was hat man denn ausgemacht?« (Werke Cassirer IX 406) Man möchte an dieser Stelle sagen, Rhetorik beruhe darauf, daß man es sich nicht leisten kann, 300 Jahre zu disputieren, ehe etwas ausgemacht wäre. Aber sogleich wird deutlich, daß Kant an der Stelle der Rhetorik etwas ganz anderes etabliert, aber in derselben Funktion, durch raschere Evidenz die Unerträglichkeit des dilatorischen Verfahrens der Theorie zu ersetzen – es ist die praktische Vernunft. Gerade dadurch, daß diese nur auf die Selbstbeschränkung der theoretischen Vernunft, keineswegs aber auf deren Fortgang und Vollendung angewiesen ist (wie es Descartes gewollt hatte), leistet sie autonom, was die Rhetorik nur heteronom leisten zu können glaubte. Dies wäre die vollkommene Ablösung der Rhetorik und ihrer Funktion, wenn nicht der Verdacht bestände, daß die Zuständigkeit der praktischen Vernunft zuvor derart auf die Moralität im strikten Sinne eingeengt worden war, daß ein zu weiter Bereich des menschlichen Verhaltens und Handelns außerhalb der Moralität übrig bleiben müßte, der im Stich gelassen würde, wenn das Ablösungsverhältnis von rhetorischer und praktischer Vernunft im Sinne Kants gesehen werden müßte.

Ich will die Sachverhalte, die sich hier angedeutet haben, einmal in eine harte These fassen. Es gibt einen Widerspruch zwischen den Unendlichkeitsimplikationen der Vernunft und ihrer Verfahren zu den anthropologischen

Endlichkeitsbedingungen. Wenn das so ist, muß es nicht nur eine Kritik der reinen Vernunft im Sinne der konstitutiven Beschränkung ihrer gegenständlichen Extension geben, also eine Selbstbeschränkung der Vernunft, die sich auch für Kant in einer räumlichen, territorialen Metaphorik erfassen ließ. Es muß auch eine Kritik der reinen Rationalität geben, die sich auf die temporale Struktur der Vernunftprozesse bezieht und sich nur in einer eindimensionalen Metaphorik darstellen läßt. Nicht erst ein unendliches Wesen im theologischen Sinne, sondern schon ein Wesen von unendlicher Zeitverfügung müßte sich die Ansprüche der reinen Rationalität widerspruchslos gefallen lassen. Es ist die zeitliche Endlichkeit, die zum Widerspruch zwingt, die auf abgekürzten Prozessen bestehen läßt, die der reinen Rationalität nicht genügen können, und zu Rechtsvermutungen und Präsumptionen der Beweislastlage zwingen, die gern als konservativ charakterisiert werden, weil sie das Bestehende nicht dem theoretischen Postulat der absoluten Begründung auszusetzen bereit sind. Man braucht dabei gar nicht die Vermutung als die der Vernünftigkeit des Bestehenden zu formulieren, sondern nur als die der Vernünftigkeit dessen, was proportionierte Zeitanforderungen stellt. Umgekehrt gibt es simulierte Rationalität, die sich gerade durch ihren Zeitverbrauch auszuweisen sucht.

Anhang

Bruchstücke des »Ausblicks auf eine Theorie der Unbegrifflichkeit«

Betrachtet man das Bewußtsein, auch sofern es von Texten »affiziert« wird, mit der Phänomenologie als intentionale Leistungsstruktur, so ist die Metapher nichts als eine Störung: es gibt sie im Kontext der Urimpression nicht, sie setzt in den Zusammenhang von Vermeinung und Erfüllung ein heterogenes Element, das in einen anderen Zusammenhang verweist, bricht also die Einstimmigkeit. Die Annahme, eine solche Exotik sei eine Metapher, stehe also doch für ein Element des authentischen Zusammenhangs, entspringt dem Selbstreparaturzwang des Bewußtseins. Die Erklärung eines destruktiven Textelements zur Metapher ist ein Akt der Selbstbehauptung: die Störung wird als Absicht eines anderen qualifiziert. In der Wahrnehmung würde dies erfordern, das fremde Element kausal herleiten zu können.

Vom glatten Ablauf der Information her betrachtet, den ein Text zu leisten hat, ist die in ihm auftretende Metapher eine Störung. Wenn die Intention des Lesers auf eine Wiese angesetzt wird, um Quintilians viel strapaziertem und belächeltem Beispiel zu folgen, so wird gegen alle Erwartung möglicher Nachrichten über diese Wiese seine Irritation ausgelöst durch das Prädikat, die Wiese lacht *(pratum ridet)*, indem die auf eine Wiese ausgesetzte Intention überraschend und außerhalb des Spielraums typischer Erwartung auf das Prädikat springt, diese Wiese lache. Die Leistung des Textes scheint zerstört zu sein und muß – eine der Grundleistungen unseres Bewußtseins – wieder aufgebaut werden mit der Entschuldigung, es sei eben nur eine Metapher gewesen, was die Intuition stocken ließ, sie sei nur gestört gewesen und zu restituieren.

Aber was herauskommt, ist nicht eine nur geschmückte Form der Rede, die uns auf andere Weise nüchtern und sachlich hätte mitteilen können, welche Eigenschaften diese Wiese denn habe und etwa in der Beleuchtung eines sonnigen Tages bekomme. Vielmehr repräsentiert die Metapher etwas, was in den Eigenschaften der Wiese unter irgendeinem objektiven Aspekt nicht aufgeht, aber auch nicht die subjektiv-phantastische Zutat eines Betrachters ist, der die Konturen eines menschlichen Gesichts aus der Oberfläche der Wiese heraus erfassen würde. Die Metapher besagt, daß die Wiese nur in einer menschlichen Lebenswelt existiert (in ihrem Unterschied etwa zur Weide oder dem Parkrasen oder zur Grassteppe), in der nicht nur Worte und Zeichen, sondern auch Gegenstände ›Bedeutungen‹ haben wie im Urtyp von Gesicht. Dies wäre die Eröffnung einer privaten und müßigen Provinz unserer Erfahrung, einer Spaziergänger- oder Dichterwelt, wenn wir nicht darauf verwiesen würden, daß alle unsere objektivierenden, sogar fachsprachlichen Mittel Transformationen der lebensweltlichen Erfahrungsweisen sein müssen. Bevor die Wiese sich in physikalische, chemische und botanische Darstellungskomplexe auflöst, muß ihre lebensweltliche Totalität in einen gewandelten Aspekt überführt und die Art und Weise, sie zu sehen, theoretisch modifiziert worden sein. Die Wiese ist ja nur ein harmloses Beispiel für das, was geschieht, wenn wir an umgangssprachlich so leichtfertige und doch für uns wichtige Äußerungen über die Welt im Ganzen denken, deren Bedeutung wir nur schwer einholen können und doch als ›bedeutungsvoll‹ auch nicht wegen ihrer Ungenauigkeit abzuweisen imstande sind. Im Gegenteil läßt sich sagen, daß die Verwendung von Metaphern um so impressiver wird, je mehr wir uns von der kurzen Distanz der erfüllbaren Intentionalitäten entfernen und auf Totalitäten beziehen, die für unsere Erfahrung immer schwerer zu durchschreiten und abzugrenzen sind. *Der Wald steht schwarz und schweiget,* das ist nur ein anderer Fall der lachenden Wiese; aber beim Wald ist uns schon sprachlich vertrauter, daß man ihn vor Bäumen nicht sieht, sobald man in ihn eingedrungen ist. In dieser

Hinsicht ist die Welt ein Wald, den wir niemals anders denn als in ihm Stehende gewahren und vor lauter Bäumen niemals zu sehen vermögen. Der Wald, in dem man sich verirrt (Descartes), der Dschungel, in dem man frißt oder gefressen wird (Spengler). Deshalb sind wir absolut auf die absolute Metapher angewiesen. Sie löst sich so wenig in Eigenschaften und Bestimmbarkeiten auf wie dieser letztinstanzliche ›Wald‹ in Bäume. Aber diese Angewiesenheit ist nicht nur die Verlegenheit der *egestas verborum*.

Es ist ganz sicher so, daß sich Totalitäten, zu denen der Betrachter selbst gehört und in denen er sich befindet, der Beschreibung entziehen oder ihr ganz bestimmte Schwierigkeiten entgegensetzen. Das ist aber noch nicht der Punkt der absoluten Metaphorik, denn es ist ein Problem, dem sich etwa die Kosmologie in Differenz zu dem Erfahrungsbereich der Astronomie immer schon gegenübergesehen hat und in ihrer Weise durch Extrapolation zu helfen vermochte. Was wir über die Welt metaphorisch aussagen, bezieht sich gar nicht auf den Unterschied von Gegenstand und Horizont, von Einzelheit und Ganzheit, sondern auf Eigenschaften, die sich überhaupt einer theoretischen Erörterung entziehen, aber auch nicht in der Weise der Wertung oder Emotion aus Einzelerfahrungen aufbauen und integrieren lassen. Gerade eine Definition wie die Wittgensteins, die Welt sei alles, was der Fall ist – bloße Wiederaufnahme der alten *series rerum* –, ist ungefähr das, was von allem Aussagbaren über die Welt am wenigsten interessiert (weder Kosmologen, noch Theologen, nicht einmal Weltrevolutionäre), so unwidersprechlich es sein mag. Daß die Welt ein Buch sei, in dem man entweder schon lesen könne oder nach Mühseligkeiten der Entzifferung und Decodierung schließlich würde lesen können, ist eine spezifische Erwartung über unsere Erfahrung, die aus der lebensweltlichen Einstellung vor aller Theorie und unterhalb aller Theorie in unserer Geschichte schwer wegzudenken ist und schon deshalb rückblickend im Auge zu behalten bleibt, weil sie den bloßen Nutzungswert der Welt durch das Instrument der Wissenschaft nicht als den ursprünglichen Richtungssinn des theoretischen Verhaltens zu erkennen gibt. Das Buch der Natur ist eben nicht nur ein philologisches und literarisches Belegsammlungsobjekt der Toposforschung; es ist eine Orientierung für das Zurückfragen vom faktischen Status unseres theoretischen Weltverhaltens zu den ihm zugrundeliegenden ursprünglichen Motivierungen und lebensweltlichen Sinngebungen. Es wäre bare Romantik, dies mit der Absicht zu tun, die Idylle des Weltbuchlesers wiederherzustellen. Es geht um die schlichte Sistierung von Gegenwart als Selbstverständlichkeit, die den Zeitgenossen immer als das letzte Wort erscheinen wird, das zur Sache zu sagen war.

Eine Theorie der Unbegrifflichkeit hätte im weitesten Sinne die Horizonte zu rekonstruieren, aus denen theoretische Einstellung und Begriffsbildung hervorgegangen sind, nicht nur im Interesse des besseren Verständnisses der Resultate anhand ihrer Genesis und im Hinblick auf Feststellung der durch Präzisionsforderungen eingetretenen Verluste bei der Begriffsbildung, sondern auch zur Gewinnung derjenigen zeitlichen Totalität, die entgegen allen Leichtfertigkeiten der Abschreibung nicht die geringfügigste Voraussetzung für die Selbstlokalisierung des Bewußtseins ist und an lebensweltlichen Leitfäden zurückführt auf die imaginativen Hintergründe, aus denen nicht nur etwas hervorgegangen ist, um es zurückzulassen, sondern auch noch ständige Motivationsströme nachfließen, deren Ausdörrung auch auf das übergreift, was aus ihnen hervorgeht.

Über dem Portal des Observatoriums von Camille Flammarion in Juvisy steht: *Ad veritatem per scientiam.* Man würde das heute kaum über irgendein Portal einer Universität oder wissenschaftlichen Institution setzen. Weshalb nicht? Offenbar setzt das Wort voraus, daß die Wahrheit, zu der zu gelangen ist, nicht identisch ist mit der Wissenschaft, durch die zu ihr zu gelangen sei. Da ist eine Differenz, hinsichtlich deren unsere Erwartungen außerordentlich vage und ungenau, weshalb wir das ganze gewaltige Unternehmen der Wissenschaft – unabhängig von all den Leistungen, die sie für die Lebensfähigkeit unserer Welt erbringt und für diese unentbehrlich macht – überhaupt unternommen haben. Es ist diese Wahrheit offenbar etwas, was in der Sprache der Wissenschaft selbst, durch die sie erreichbar sein soll, nicht mehr ausgesagt werden kann und wohl auch niemals ausgesagt worden ist.

Im Aspekt auf die Lebenswelt ist die Metapher, auch die absolute, noch dazu in ihrer grammatisch-rhetorisch präzis definierten Kurzform, etwas Spätes und Abgeleitetes. Deshalb wird die Metaphorologie, will sie sich nicht auf die Hilfsfunktion der Metapher für die Begriffsbildung beschränken, sondern zum Leitfaden der Hinblicknahme auf die Lebenswelt werden, nicht ohne die Einfügung in den weiteren Horizont einer Theorie der Unbegrifflichkeit auskommen. Daß man von der lachenden Wiese sprechen kann, ist doch nicht erst poetische Suggestion; die ästhetische Evidenz bedarf dessen, daß es alle gesehen hatten ohne es sagen zu können. Dann aber ist es nicht poetische Erfindung. Es reicht auf lebensweltliche Zusammenhänge zurück. Es mag da nicht nur das Ungesagte, sondern auch das Unsagbare thematisch gemacht werden, wenn man nur darauf verzichtet, dies von vornherein auf mystische Sachverhalte und Tatbestände zu provinzialisieren. Was ich sagen will, wird vielleicht an der Antinomie deutlicher, die sich in unserer gegenwärtigen Kultur der theoretischen Fachsprachen und des Unbehagens an allem, was

deren Standard nicht zu erreichen vermag, als eine Art endgültiger Sprachdifferenz herausgebildet hat.
Die Grenzwerte von Sagbarkeit und Unsagbarkeit sind noch weiter gespannt als die von definitorischer Bestimmtheit und imaginativer Annäherung oder Vorzeichnung, Begrifflichkeit und Unbegrifflichkeit. Aber das alte Unsagbare – etwa in dem neuplatonischen *arrheton* und dem *individuum ineffabile* – ist doch nicht das sprachlich ganz und gar Unbeschreibbare, Unverweisbare, sondern, wie gerade am Individuum ablesbar, mit dem Begriff als dem Korrelat der Substanz Unerreichbare.
Sollte die Welt nach Wittgensteins Definition alles sein, was der Fall ist, so wäre sie dann jedenfalls nicht alles, wovon sich sprechen, was sich vorstellen, was sich berühren, worauf sich verweisen läßt; denn was der Fall ist, was Gegenstand einer urteilsmäßigen Aussage werden kann, das hat sich erst allmählich und spät aus der Lebenswelt herausgeschält. Blickt man auf diese zurück, so wird man ihren Grenzwert darin sehen müssen, sie sei nichts, was der Fall ist.
Wittgensteins »Tractatus«, der mit dem Satz begonnen hatte: *Die Welt ist alles, was der Fall ist,* endet mit einem Verbot hinsichtlich dessen, was nicht der Fall ist oder wovon nicht eindeutig gesagt werden kann, daß es der Fall ist: *Wovon man nicht sprechen kann, darüber muß man schweigen.*
Aber einer der wenigen modernen Dichter, von denen auch ohne Übertreibung gesagt werden kann, sie seien bedeutende Denker gewesen – vielleicht oder wahrscheinlich sogar der einzige – Paul Valéry, hat in seinem »Faust« dies nicht nur bestritten, sondern geradezu das Gegenteil behauptet: *Ce qui n'est pas ineffable n'a aucune importance.* Allerdings darf man Wittgenstein und Valéry so nicht in Konfrontation stehenlassen, denn immerhin hatte auch jener gesagt: *Es gibt allerdings Unaussprechliches.*

Dies zeigt sich, es ist das Mystische. (Tractatus 6.522) Aber das Sich-Zeigen hat eine Nähe zur Offenbarung, es überläßt einem fremden Willen, sich zu zeigen. Das Mystische ist das ganz und gar Heterogene, nicht einmal das, was nur berührt, aber nicht ausgesagt werden kann. Zugleich aber soll gelten, daß selbst dann, wenn alle möglichen wissenschaftlichen Fragen beantwortet wären, *unsere Lebensprobleme noch gar nicht berührt* wären. Aber das sind dann offenbar Probleme, die nicht in Form der Frage auftreten können, weil einer, der gefragt hätte, was die Welt sei, eben nicht damit zufrieden wäre, wenn ihm mit der absoluten Metapher, sie sei ein Spinnennetz, geantwortet würde. Die Situation nach Beantwortung aller wissenschaftlichen Fragen ist eigentümlich die, daß noch in der Weise des Nicht-Antwortens gesprochen wird und eben dies Verhalten die einzig mögliche Behandlung unserer Lebensprobleme ist: *Freilich bleibt dann eben keine Frage mehr; und eben dies ist die Antwort.* (Tractatus 6. 52) Der Philosoph, so sagt Wittgenstein später in den »Philosophischen Untersuchungen« behandle eine Frage wie eine Krankheit. (Werke I 393)
Vielleicht müssen wir uns Sorgen machen nicht so sehr um das Unsagbare als endgültig dieses, es mag uns nicht interessieren, aber um das Unsagbare, soweit es dieses vorerst und vorläufig ist und wir den Verdacht oder die Zuversicht haben, es könne in Sagbarkeit überführt werden. Manchen erscheint die Kongruenz von Sprache und Wirklichkeit als der Inbegriff unserer Freiheit, denn Sprache ist doch Gemächte des Menschen, folglich zu unserer Disposition. Dann wiederum wäre sie nicht Horizont unserer Möglichkeiten, sondern nur der unserer Wirklichkeit, dessen also, was schon aufgearbeitet ist und wofür wir das Instrumentarium schon besitzen. Immer aber, wenn nicht unsere Erfahrung und deren Möglichkeitshorizont unsere Sprache formieren, sondern unsere

Sprache unser Denken und über dieses unsere Erfahrung, kommt es zu einem Absolutismus vom Rücken her. Wir glauben, was wir sehen, hinge von den Graden unserer Aufmerksamkeit und der Verfeinerung unserer Fähigkeit ab, während zugleich darüber schon hinter uns entschieden worden ist, in der Geschichte unserer Sprache und dessen, was sie uns an Möglichkeiten bereitstellt. Wie konnte dann Cicero über die *egestas verborum* seiner Sprache klagen?
Jede Philosophie, die unsere Möglichkeiten des Zugangs zur Wirklichkeit von der Sprache abhängig macht – nicht nur vom Sprachbesitz überhaupt, sondern von dem einer bestimmten, faktisch gewordenen Sprache, diese also als das Gesamtsystem aller Differenzierungen und Sichtweisen in der Erfahrung definiert, macht das Unsagbare auch im Sinne des noch nicht Gesagten heimatlos. Zugleich macht sie den Verdacht auf einen unüberwindbaren Relativismus der Alltagssprachen, der Nationalsprachen oder auch der wissenschaftlichen Fachsprachen unausweichlich. Nichts ist uns gegeben, was uns nicht durch Sprache vorgegeben wäre. Ist das befriedigend? Oder müssen wir nicht auch davon sprechen, daß die Sprache der Erweiterung unserer Erfahrung als der Einengung des Unsagbaren nachzukommen hat? Davon sprechen, daß sie umgebildet werden muß in bezug auf Leistungen, die im Sprachbestand noch nicht faktisch vorgegeben waren?
Versuche ich einen der folgenreichsten Sätze, die je niedergeschrieben worden sind, näher zu betrachten, nämlich den der Apokalypse des Johannes: *Der Teufel hat nicht viel Zeit*, so wird man die sprachliche Leistung dieses Satzes nicht hoch einschätzen, seine begriffliche noch weniger. Der Schreiber mochte wissen, der Leser weiß es nicht, wie der Teufel aussieht, was es genauer mit ihm auf sich hat und vor allem, was es bedeuten würde, wenn er nicht viel Zeit hätte – viel im Verhältnis wozu? Zeit,

welche Zeit, die der Uhr, des Kalenders, der Geschichte? Trotzdem wissen wir, wie stark dieser Satz noch bis nah an die Gegenwart heran bei den erweckten Auswanderern gewirkt hat. Ich bin auch überzeugt, dieser Satz ließe sich in jede beliebige Sprache übersetzen, so unwahrscheinlich sich das zunächst in bezug auf den Ausdruck Teufel anhört. Aber dieser Satz vermag das Weltgefühl zu verändern; er alarmiert den Menschen indirekt, da nicht diesem gesagt wird, er habe wenig Zeit, sondern dies von einem anderen behauptet wird, um ihm damit zuzuschreiben, er biete das Äußerste auf, um die ihm verbleibende Zeit zu nutzen und sie allen anderen nicht zu lassen. Wir verstehen den Satz nur deshalb, weil wir verstehen, was es hieße, wenn von uns gesagt würde, wir hätten nicht viel Zeit. Es ist ein Einsatzmythos, der nicht einmal unsere Imagination in Umlauf setzt, sondern nur eine Formel für etwas ist, was sich abstrakt gar nicht ausdrücken läßt; die zum Unheil des Menschen aufgebotene Energie erreicht das äußerste ihr nur mögliche Maß. (Apokalypse 12, 12) Der Evangelist hat seine Vision schon ein Stück weiter in die Zukunft gerichtet, ebenfalls in einem Ein-Satz-Mythos: *Ich sah den Satan vom Himmel fallen wie einen Blitz.* (Lukas 10,18)

Der Cartesianismus mit seiner methodischen Vorschrift der Überführung aller Begriffe in klare und deutliche Bestimmtheit und zugleich mit seiner Vorstellung von der Endlichkeit des theoretischen Prozesses hat alle Erwartungen für die Neuzeit festgelegt, die den Umgang mit der sprachlichen Darstellung der Wirklichkeit trugen. Aber schon Leibniz, der an der Forderung von Klarheit und Deutlichkeit festhielt, hat die Erwartung in dieser Hinsicht um ein ganzes Niveau herabgesetzt, indem er die Überführung der unklaren und undeutlichen Vorstellungen in klare und deutliche einem unendlichen und damit für jeden Zeitpunkt unabgeschlossenen Prozeß zuschrieb. Entscheidend aber ist, daß die Einschätzung des theoretischen Prozesses als eines endlichen genau das unter Verbot stellte, was Descartes *precipitation* genannt hatte, den Vorgriff des Vorurteils in der Ungeduld des noch nicht Erreichten. Wie aber steht es mit der Ungeduld, der Überstürzung, dem Vorurteil in einem unendlichen Prozeß? Es ist immerhin erstaunlich, daß in einem philosophischen Briefwechsel der zweiten Hälfte des 18. Jahrhunderts der Satz stehen und dem großen Begriffstheoretiker Lambert entgegengehalten werden kann: *Da wir doch einmal in die traurige Nothwendigkeit gesetzt sind, uns wenigstens mit Wörtern von dieser Art zu behelfen, so wäre es wohl der Mühe werth, die Art, mit ihnen umzugehen, weitläufig auszuführen und die Grenzen der Zulässigkeit auf das genaueste zu bestimmen.* Das ist bezogen auf Lamberts Semiotik § 343. Dann aber wird die traurige Notwendigkeit in ihrer Ambivalenz für die Wissenschaftsgeschichte bestimmt: *Ich denke, daß wir der Entwickelung von Metaphern einen großen Teil unserer Erkenntniß und einen noch größeren unserer Irrthümer zu danken haben.* (Holland an Lambert, 8. Mai 1765; Lambert, Briefwechsel, ed. Bernoulli I 39 f.)

In der methodischen Konfrontation von Cartesianismus und Historismus (dieser beginnend mit dem Unendlichkeitstheorem von Leibniz, nicht mit seiner Individualitätsmetaphysik) reflektiert sich der in unserer Wirklichkeit akut gewordene Dualismus von Weltmodell und Lebenswelt. Eine Metaphorologie hat es nicht nur mit der Substruktur oder dem Vorfeld der Begriffsbildung zu tun, sondern sie erschließt in umgekehrter Richtung die Rückführbarkeit des konstruktiven Instrumentariums auf die lebensweltliche Konstitution, der es zwar nicht entstammt, auf die es aber vielfältig zurückbezogen ist. Die Lebenswelt liefert nicht nur das Material, das dabei verarbeitet ist, sondern sie hat auch ihre spezifische Widerstandsstruktur gegen solche Verarbeitung, schließlich auch und noch gegen die Anerkennung des darin Geleisteten. Aber es gibt eben nicht nur die theoretische Hypertrophie, es gibt auch die ›metaphorische Aufschneiderei‹, von der Gottfried Benn gesprochen hat.

Ohne die Erschließung der Unbegrifflichkeit im weitesten Sinne kommt man an die Befunde nicht heran, in denen sich vorphilosophische Vorstellungen ihrer Auflösung in theoretische Begrifflichkeit widersetzen, in denen auch und speziell die Metapher ihre absolute Funktion annehmen kann, aus der sie sich nicht beliebig in eigentliche Rede übersetzen oder durch diese umbesetzen läßt. Daß freilich eine Metapher absolut ist, bedeutet nicht, daß sie nur diesen Vorstellungsinhalt haben kann, sondern nur, daß sie nicht statt Metapher Begriff sein kann. Gelegentlich können wir sehen, wie eng der Spielraum für die Besetzung der metaphorischen Funktion ist: etwa bei der räumlichen Darstellung der Zeit durch die Bewegung eines Punktes in einer Dimension, durch das Fließen in einer Dimension. Da ist nicht geschehen, was Lessing beschreibt, wenn er sagt, daß durch die Metaphorik die *willkürlichen Zeichen zu dem Werte der natürlichen erhoben werden,* so daß sie auch *die Kraft der natürlichen haben*; die Natürlichkeit ist bei der räumlichen Metapher für die Zeit nicht die selbstverständliche Geltung bei unbefragter Kontingenz, sondern die Enge und Ausweglosigkeit in der Darstellbarkeit der Form des inneren Sinnes selbst.

Es gibt anthropologische Voraussetzungen für das Verständnis der Funktion der Metapher, für diese eigentümlichen Vorgriffe unserer Imagination auf noch nicht Verstandenes. Wir dürfen nicht vergessen, daß dies die Quelle ist, aus der auch die Leistung des Begriffs hervor geht, die ja nur partiell im Verhältnis zur Intention der Vernunft auf Totalität ist.

Der Begriff hat etwas zu tun mit der Abwesenheit seines Gegenstandes, zumindest mit der Gleichgültigkeit seiner Anwesenheit. Das kann auch heißen: mit dem Fehlen der abgeschlossenen Vorstellung des Gegenstandes. Der Begriff ist der Komplex der Merkmale, nach denen wir Vorstellungen als zugehörig oder unzugehörig zu einem Gegenstand ein- oder aussortieren können. Er ist eine Vorstellung von Vorstellungen, eine Regel für die Komplexion von Vorstellungen. Das Verhältnis des Begriffs zum Gegenstand ist verglichen worden mit dem zwischen verschiedenen Sinnesorganen und ihren Leistungen: das Sehen vertritt nur die Möglichkeit der Berührung, des Fühlens, damit des Besitzens. Die optische Präsenz nimmt die taktile vorweg, auch wenn sie sich mit dem Verzicht auf diese begnügt oder wegen der unüberbrückbaren Distanz zum Gegenstand diese nicht haben kann. Stellt man sich vor, die Distanz würde weiter vergrößert, räumlich oder zeitlich, so bleibt nur noch eine Art der Vorstellung, in der andere Vorstellungen daraufhin durchgegangen werden, ob sie zugehörig oder unzugehörig sind. Dabei kann die Funktion des Begriffs spezieller eingeengt sein: die Herstellung einer Falle durch Jäger erfordert nur das Sortieren relativ weniger Merkmale derjenigen Tiere, deren Erbeutung durch die Falle erwünscht, deren Nicht-Erbeutung ausgeschlossen sein soll.
Man könnte nun sagen, die Vernunft sei der Inbegriff solcher Leistungen auf Distanz, also die Integration dessen, was in der Leistung des Begriffs als Ersetzung der Gegenwärtigkeit nur in einem besonderen Fall möglicher Präzision vorliegt. Also auch dessen, was überhaupt nicht gegenwärtig werden kann, weil es nicht die Art des Gegenstandes hat, der sich in Anschauung als er selbst zeigen kann: der Welt, des Ich, der Zeit, des Raumes, der Unendlichkeit. Der Begriff ist also kein Surrogat der Gegenstände; aber er ist zur Enttäuschung der auf ihn ge-

setzten philosophischen Erwartungen nicht die Erfüllung aller Intentionen der Vernunft, sondern nur eines ihrer Mittel, sich zu orientieren und Richtung zu nehmen auf das, worauf es ihr ankommt.

Wenn ich versuche, das genetisch zu verstehen, so kommt es auf die Verwendung und Richtigkeit der anthropologischen Rahmentheorien nicht an. Es gibt da gewissermaßen einen harten Kern von Invarianz, der auch einem phänomenologischen Verfahren der freien Variationen standhält: der Mensch hat sich in seiner Entwicklung aufgerichtet und optisch den Nahbereich der Wahrnehmung verlassen, den Horizont seiner Sinne relativ plötzlich erweitert zu einer Verhaltensweise der Distanz, des Zeitgewinns, der verzögerten Reaktion, der Prävention. Der Mensch ist, bis in seine wissenschaftliche Verhaltensweise hinein, ein Wesen, das allem zuvorkommen muß. Wissenschaft ermöglicht ihm, in ungeahnter Weise präventiv auch in bezug auf Ungegenwärtiges zu sein, was gleichsam hinter dem Horizont seiner Wahrnehmung und Erfahrung liegt. Der frühe Mensch lernt es, in bezug auf Gegenstände zu handeln, die er nicht wahrnimmt. Nachdem er aus dem Urwald auf die Steppe herausgetreten ist, zieht er sich zum Schutz seiner Schlafphasen in die Höhlen zurück, die seine erste frei gewählte Unterkunft sind, aber zugleich eine Sphäre der dichtesten Abschirmung von der Realität, der möglichen Befreiung der Wünsche von ihrer Einengung durch das, was sich ihrer Erfüllung widersetzt. An die Wände der Höhlen zeichnet er die Gegenstände seines Begehrens mehr als eines Kampfes ums Dasein, wie es das platonische Höhlengleichnis in Umkehrung der Bezugsrichtung als Trug der Schatten vorstellen wird. Der Begriff entsteht im Leben von Wesen, die Jäger, später Nomaden sind und deren Verhalten sich immer auf etwas richtet, was sie nicht vor Augen haben. Man kann das Jagdtier zeichnen, wenn man eine Falle für dieses herstellen kann, denn sie ist in allem zugerichtet auf die Maße und die Figur, Verhaltensweise und Bewegungsart eines erst erwarteten, nicht gegenwärtigen, erst in den Zugriff zu bringenden Gegenstandes. Dieser Gegenstand wiederum ist bezogen auf Bedürfnisse, die nicht die des einen Tages sind, sondern die eine Dimension der Zeit haben.

Eine anthropologische Theorie des Begriffs ist ein dringendes Desiderat. Nur sie erlaubt die funktionale Betrachtung des Begriffs auch in seinem Zurückbleiben gegenüber solchen Ansprüchen, die nicht aus der Lebensform der Bewältigung des Abwesenden hervorgehen, sondern die Muße der Seßhaftigkeit zur Voraussetzung haben. Denn wenn auch der Begriff ein Produkt der Lebensform von Jägern und Nomaden ist, also solchen, deren ›Sorge‹ um Abwesendes kreist, so ist doch die Theorie, die als Inbegriff der Leistungen von Begriffen erscheint, unter der Voraussetzung urbaner Seßhaftigkeit und Arbeitsteilung, der Abgrenzung des Bereichs, in dem konsumiert wird, von dem, in dem produziert wird, entstanden. Der erste verwunderliche Vorgang des Anblicks eines Astronomen, der seiner Umwelt noch unverständlich ist und daher unter Gelächter in die Zisterne stürzt, fällt in das 5. Jahrhundert der blühenden Stadt Milet, in der es deshalb beginnende Theorie gibt, weil es in ihr Muße gibt.

Jede Anthropologie steht in einem metaphorischen Horizont der Üppigkeit oder der Armut des von ihr thematisierten Wesens. Die Metapher ist, soweit sie nicht in den reinen Luxus der Rhetorik eingeordnet wurde, als eine Sprachstufe der Entbehrung gesehen worden. Da es aber nicht um die Bedürfnisse des nackten Lebens und Überlebens geht, kann man genauso gut sagen, der Mensch übt sein Vermögen der Horizontüberschreitung als bloßes Muskelspiel seiner Freiheit aus.

Verzeichnis der Referenztitel

Hermann Ammann, Zum deutschen Impersonale, in: *Festschrift, Edmund Husserl zum 70. Geburtstag gewidmet*, Halle/Saale 1929, S. 1–25.

Gottfried Benn, *Gesammelte Werke*, 4 Bde, ed. Dieter Wellershoff, Wiesbaden 1959.

Hans Blumenberg, *Paradigmen zu einer Metaphorologie* (1960), Frankfurt/M. 1998.

–, Wirklichkeitsbegriff und Möglichkeit des Romans (1964), in: *Ästhetische und metaphorologische Schriften*, ed. Anselm Haverkamp, Frankfurt/M. 2001, S. 47-73.

–, *Der Prozeß der theoretischen Neugierde* (1966), Frankfurt/M. 1973.

–, Anthropologische Annäherung an die Rhetorik (1971), in: *Ästhetische und metaphorologische Schriften*, ed. Anselm Haverkamp, Frankfurt/M. 2001, S. 406-434.

–, *Schiffbruch mit Zuschauer*, Frankfurt/M. 1979.

–, *Das Lachen der Thrakerin*, Frankfurt/M. 1987.

Ernst Cassirer, *Substanzbegriff und Funktionsbegriff*, Berlin 1910.

–, *Philosophie der symbolischen Formen* (1923-1925), Nachdruck der 2. Aufl., Darmstadt 1953/54.

–, *Symbol, Technik, Sprache*, ed. Wolfgang Orth (= Philosophische Bibliothek 372), Hamburg 1958.

Werner Conze und Reinhart Koselleck (Hg.), *Geschichtliche Grundbegriffe: Historisches Lexikon zur politisch-sozialen Sprache*, Stuttgart 1972-1997.

Ernst Robert Curtius, *Europäische Literatur und lateinisches Mittelalter*, Bern 1948.

René Descartes, *Discours de la Méthode*, franz./dt. Ausg. von Lüder Gäbe, Hamburg 1960.

Hermann Diels und Walter Kranz, *Die Fragmente der Vorsokratiker* (1903), 5. Aufl. Berlin 1934.

Sigmund Freud, *Die Traumdeutung* (1900), *Gesammelte Werke*, Bd. 2/3, London 1948.

Arnold Gehlen, *Der Mensch* (1940), 8. Aufl. Frankfurt/Main 1971.

Johann Wolfgang Goethe, *Gedenkausgabe der Werke, Briefe und Gespräche*, ed. Ernst Beutler, Zürich 1949.

Friedrich Hebbel, *Werke*, ed. Gerhard Fricke, Werner Keller, Karl Pörnbacher, 5 Bde, München 1963–67.

Martin Heidegger, *Sein und Zeit* (1927), 5. Aufl., Halle/Saale 1941.

Heinz Heimsoeth, *Transzendentale Dialektik*, Teil IV, Berlin 1971.

Edmund Husserl, *Formale und transzendentale Logik*, Halle/Saale 1929.

–, *Gesammelte Werke (Husserliana)*, Den Haag 1963ff.

Hans Jonas, *Gnosis und spätantiker Geist*, Bd. I (1934), Bd. II, 1 (1954), Göttingen 1964.

Immanuel Kant, *Gesammelte Schriften*, Akademie-Ausgabe, Berlin 1910ff.

–, *Werke*, ed. Ernst Cassirer, Berlin 1914ff.

Thomas S. Kuhn, *Die Struktur wissenschaftlicher Revolutionen* (1962), Frankfurt/M. 1967.

[Johann Heinrich Lambert], *Johann Heinrich Lamberts deutscher gelehrter Briefwechsel*, 5 Bde, ed. Johann Bernoulli, Berlin 1787.

Georg Christoph Lichtenberg, *Schriften und Briefe*, ed. Wolfgang Promies, München 1967-1992.

Otto Liebmann, *Die Klimax der Theorien*, Straßburg 1884.

Maurice Merleau-Ponty, *Vorlesungen*, Bd. I, ed. Carl Friedrich Graumann, Berlin 1973.

Friedrich Nietzsche, *Gesammelte Werke*, Musarion-Ausgabe, München 1920ff.

Anaïs Nin, *Die Tagebücher*, 3 Bde, München 1969.

Fritz Schalk (Hg.), *Die französischen Moralisten*, Leipzig 1949.

Friedrich Schlegel, *Kritische Ausgabe*, ed. Ernst Behler, München/Paderborn/Wien 1958ff.

Arthur Schopenhauer, *Der handschriftliche Nachlaß*, 5 Bde, ed. Arthur Hübscher, Frankfurt/M. 1966-1975.

Georg Simmel, *Soziologie*, Leipzig 1908, 3. Aufl. 1923.

Karlheinz Stierle, Aspekte der Metapher (1973), in: ders., *Text als Handlung*, München 1975, S. 152–185.

Paul Valéry, »Mon Faust« (1945), in: *Œuvres*, ed. Jean Hytier, Paris 1957-1960, Bd. 2, S. 276–403.

Friedrich Theodor Vischer, *Auch Einer* (1879), ed. Gustav Manz Berlin 1923.

Walther Völker, *Quellen zur Geschichte der christlichen Gnosis*, Tübingen 1932.

Harald Weinrich, Semantik der kühnen Metapher (1963), in: ders., *Sprache in Texten*, Stuttgart 1976, S. 295–316.
Ludwig Wittgenstein, *Tractatus logico-philosophicus* (1921), *Philosophische Untersuchungen* (1958), in: ders., *Schriften*, Bd. I, Frankfurt/M. 1960.

Editorisches Nachwort

»Was ich hier vorlege, ist ja ohnehin nur Halbzeug«, ließ Hans Blumenberg am Rande seiner *Paradigmen zu einer Metaphorologie* von 1960 durchblicken. Wer das als eine bloße Bescheidenheitsformel verstand, der irrte sich. Denn »Halbzeug« ist ein industrietechnischer Terminus, der den Bearbeitungszustand zwischen einem Rohstoff und dem fertigen Erzeugnis als eine ironische Figur für die Rolle der Metapher in der Lebenswelt zu erwägen gibt: eine Metapher nicht zuletzt für den halbbegrifflichen Status der Metapher, den Blumenberg anderthalb Jahrzehnte später in seinem »Ausblick auf eine Theorie der Unbegrifflichkeit« (1979) grundlegender fassen sollte.
Der Anlaß war marginal, denn wenig deutet nach der *Genesis der kopernikanischen Welt* (1972) bei Blumenberg noch auf Metaphorologie hin, wenn auch im Vorfeld zum monumentalen Neuanfang der *Arbeit am Mythos* (1979) ein Paar tentativ betitelter und abseitig erschienener metarhetorischer Nebenarbeiten abgeliefert wird: nach der »Anthropologischen Annäherung an die Rhetorik« (1971) nur die Simmel-Studie »Geld oder Leben« (1976). Immerhin war der Autor der längst nicht mehr erhältlichen *Paradigmen* bereit, diese auszugsweise für einen seit 1974 unter dem Titel *Metapherntheorien* bei der Wissenschaftlichen Buchgesellschaft Darmstadt angekündigten Band der Reihe *Wege der Forschung* zur Verfügung zu stellen (ein Format, das er, nach der Menge dieser Bände in seiner Bibliothek zu vermuten, sehr schätzte). Er trug bibliographische Details bei, schlug den endgültigen Titel *Theorie der Metapher* vor und verband, der forschungshistorischen Pointierung des Bandes entgegenkommend, den Rückblick auf den von seinen *Paradigmen* eingeleiteten Teil der Dokumentation mit dem »Ausblick« auf einen

neuen, das Paradigma Metapher insgesamt hinterfragenden Begriff, den der »Unbegrifflichkeit«. Tatsächlich hatte Blumenberg Gelegenheit genommen, im Sommer 1975 eine Vorlesung »Theorie der Unbegrifflichkeit« zu konzipieren (Vorlesungsverzeichnis der Universität Münster, SS 1975), die im mittlerweile zugänglichen Blumenberg-Nachlaß des Deutschen Literaturarchivs Marbach eine schmale Mappe mit der Signatur THU einnimmt, während die Vorarbeiten zum »Ausblick auf eine Theorie der Unbegrifflichkeit« in einem Konvolut unter der Signatur RMT (= Reader Metapherntheorie) getrennt aufbewahrt sind.

Der Bearbeitungszustand beider Manuskripte zeigt deutlich, was es heißt, daß Blumenberg in der *Metaphorologie* von »Halbzeug« spricht: Es ist ein methodisch sehr bestimmter Zustand, den die Metaphorologie zu erläutern hat, ohne ihn grundsätzlich überschreiten zu können, und dessen Voraussetzungen die Theorie der Unbegrifflichkeit nun systematischer zu fassen sucht. Im Zustand der Vorlesung (THU) und im Zustand der Manuskriptvorbereitung (RMT) bedeutet er nicht nur eine gewisse Vorläufigkeit der Formulierung – im Gegenteil, weit eher einen Zustand der versuchsweisen Zu- und Überspitzung, die der unlösbaren Einbettung in das von Blumenberg entwickelte, metaphorologisch sensible Verweissystem seiner Kartei geschuldet sind. Ihr Zustand ist der des Halbzeugs: der virtuellen Metapher als einer nicht voll begrifflichen Materie, die erst im Argument begrifflich wird, sich in der Eignung zum Begriff aber historisch vielfältig vorgefaßt findet und deshalb gesucht und abgewogen sein will, will sich der Philosoph nicht gründlich vertun im Umgang mit seinem Besteck.

Den in dieser Gegebenheitsweise der philosophischen Materie begründeten experimentellen Charakter von Blumenbergs Philosophie zeigt das Labor der Zettelkästen und Arbeitsmappen, das zu rekonstruieren in jeder Veröffentlichung aus dem Nachlaß nötig ist und doch unmöglich bleibt – ein Arbeitsfeld, das, nach dem Ansatz der unvollendet gebliebenen *Theorie der Unbegrifflichkeit*, die großen Erzählungen der *Arbeit am Mythos* überspielt und vor die vollendete Tatsache historisch neu entworfener Verhältnisse stellt. Der Blick ins Labor, den das Archiv der Zettelkästen und Mappen bietet, zeigt die Unterseite der legendär gewordenen großen Entwürfe, die ihrerseits darauf warten, der Theorie des Autors getreu, auf den Stand ihrer Zeit gebracht zu werden. Das Geheimnis der Kästen und Karten, Blätter und Zettel ordnenden Verweisarten, die in immer neuen Ansätzen einer nur dem Autor durchsichtigen, eigenhistorischen Maschinerie gehorchen, begleitet die im Werk manifest gewordenen Entwürfe. Auch in den vom Autor vollendeten Werken sind sie nicht etwa mit repräsentiert, sondern allein im Rückgang aufs Archiv zu rekonstruieren. Die *Theorie der Unbegrifflichkeit* hat in der vorläufigen Form der Vorlesung die Grundlage dieser metaphorologischen Praxis der Werke zu etablieren begonnen. Sie unterliegt in der Edition selbstverständlich auch selbst dem von ihr erhellten Arbeitsprozeß. Der Anhang mit den Vorarbeiten zum »Ausblick« dokumentiert, sei es auch um den Preis von varianten Ausarbeitungen desselben Materials, das Zwischenglied zwischen der Arbeit an der Vorlesungsvorlage und dem durch seine Prägnanz bestechenden publizierten Text des »Ausblicks«.

Den Richtlinien der aus dem Nachlaß zu erstellenden Texte entsprechend ist die Menge der handschriftlichen Zusätze an den markierten Stellen ohne redaktionelle Zusätze eingearbeitet. Eine implizite Gliederung ergibt sich aus der von fremder Hand eingefügten Zählung der Bänder (Stenorette), die vermutlich im Umfang für je eine Vorlesung gedacht waren, ohne daß diese Zählung übernommen werden konnte, weil sie im vorliegenden Typoskript bereits Umstellungen und Ergänzungen erfahren hat. Offenbar für den mündlichen Vortrag eingetragene Phrasierungshilfen (Unterstreichungen) wurden übernommen, soweit sie verständnisdienlich sind und keine alternativen Ausarbeitungsmöglichkeiten markieren. Die Verweis-Nummern und Siglen von Blumenbergs Kartei sind dagegen weggelassen; nicht nur bedürften sie ausführlicher Nachforschungen, sie führten in Verankerungen des Gesamtwerks, die bei dieser Gelegenheit unmöglich zu erhellen sind. Dagegen sind die rudimentären Literaturhinweise, die damit verbunden sind und die zweifellos die Spitze unerschlossen ruhender Eisberge darstellen, aufgenommen und in einem Literaturverzeichnis im Anhang vervollständigt worden. Vor allem die Hinweise auf die beiden Kant-Ausgaben (Akademie-Ausgabe und Cassirer), die Blumenberg durchgehend nebeneinander benutzt hat, und die das Hauptgewicht der Zitate bilden, sind unverzichtbar. Es ist nicht nur Marotte und Schreibweise, daß Blumenberg großzügig in der Verarbeitung seiner Zitate verfuhr. Wenn die guten Gründe dafür auch letztlich in den Tiefen seines Archivs ruhen, dankt es die Oberfläche der Texte doch mit gesteigerter, kalkulierter Pointiertheit.

Ähnlich der in der *Metaphorologie* von 1960 entwickelten Anlage verfährt die *Theorie der Unbegrifflichkeit* von 1975 in exemplarisch ausgearbeiteten Komplexen (Vorlesungen), deren Anfang in der Regel kürzere thesenhafte Abschnitte bilden, an die sich dann in der Folge Beispiele von unterschiedlicher Komplexion anschließen – oft genug ohne konklusiv zu werden. Im vorliegenden Text waren Hinweise aller Art zu berücksichtigen, die von ausführlicheren Randbemerkungen und Hinweisen auf eigene Texte bis zu höchst punktuellen Notizen für mündliche Ergänzungen reichen. Während die ersteren leicht, um den Preis einer gewissen Abruptheit zwar, einzufügen waren, mußte letzteres als zu schwer durchschaubar wegbleiben. Gegen Ende des Texts gewinnen Rückgriffe auf die ältere metaphorologische Konzeption an Raum, in denen der avisierte Übergang zur neuen Theorie an bekanntem älterem Material durchgearbeitet wird. Wie der Entwurf der *Paradigmen* von 1960 bleibt der Neuansatz der *Unbegrifflichkeit* von 1975 Projekt; in der Praxis der großen Darstellungen ist dies Projekt untergründig wirksam.

Anselm Haverkamp

Namenregister